25 buildings you should have seen **Amsterdam**

25 buildings

you should have seen

Amsterdam

Edited by Maaike Behm and Maarten Kloos

ARCAM/Architectura & Natura Press

Editing and production/Redactie en productie/

Realización y producción/Redaktion und Produktion

    Maaike Behm, Maarten Kloos

Support and advice/Ondersteuning en advies/

Apoyo y consejo/Unterstützung und Beratung

    Yvonne de Korte, Ben Rebel

Translations/Vertalingen/Traducciones/Übersetzungen

    Jane Zuyl-Moores, Juanita Grimberg-Fernandez, Helga Marx

Editing translations/Redactie vertalingen/

Supervisión de las traducciones/Redaktion Übersetzungen

    Josh Dillon, Maria José Saiz Martinez, Gabrielle Bruhn

Design/Ontwerp/Diseño/Gestaltung

    Typography Interiority & Other Serious Matters, Rotterdam

Printing/Druk/Impresión/Druck

    Drukkerij Rob Stolk, Amsterdam

Publisher/Uitgever/Edita/Herausgegeben von

    ARCAM/Architectura & Natura Press, Amsterdam

ISBN 90 76863 07 5

First published/Eerste druk/Primera impresión/Erste Druck, 2002

Second revised edition/ Tweede herzien druk/Secundo edición revisada/

Zweite verbesserte Druck, 2003

Contents/Inhoud/Contenido/Inhalt

Preface Cees Nooteboom

What does a city consist of? Of everything that has been said, dreamt and destroyed and has happened. The built, the vanished, the dreamt of that came to nothing. The living and the dead. The wooden houses that have been demolished or burned down, the palaces that might have been, the bridge that was drawn but never built. The houses that are still standing, in which generations have left their memories. But there is much more.

A city is all the words that have ever been said, an incessant, never-ending murmur, whisper, song and clamour that has resounded over the centuries and then been blown away. It cannot have disappeared if it had not been part of it, even that which can no longer be recovered belongs, simply because it was once, here, at this spot, shouted or spoken on a winter's night or a summer morning. The field preaching, the tribunal's verdict, the cry of the flogged, the bidding at the auction, the decree, the proclamation, the demonstration, the pamphlet, the announcement of a death, the calling of the hours, the words of nuns, whores, kings, regents, painters, sheriffs, hangmen, shipmasters, lansquenets, lock-keepers and master builders, that ceaseless conversation in the living body of the city, which is the city itself.

Whoever wants to can hear it. It survives in archives, poems, in street names and proverbs, in the words and tonalities of the language, just as the faces in old paintings survive in the faces we see, just as our words and faces will disappear among all those words and faces, remembered and not remembered, blown away, forgotten and still present, embodied in that word which denotes the city, Amsterdam. The city is a book that can be read, the walker is the reader. He can begin at any page, walk back and forth in time and space. The book may then have a beginning, but it has by no means reached its end. The city is not silent, it provides the words; they consist of wall plaques, building excavations, street names, dates, images, and the imagination sees what history has told it.

The walker pauses near an excavation and sees how archaeologists sift the soil, combing it, delving into the past with gentle fingers, searching for signs of his forefathers. He is amazed that they lived there below. Does the earth continue to grow thicker? He wonders whether he would have understood those other, earlier Amsterdammers. But the past is not only there below, it is also above, in the facades with their depictions of whales' teeth, Indians, symbols, merchandise, slaves, ships. Everyone, it seems, had something to do with ships in those days, everyone belonged to the water, that same water which still lies dark and mysterious in the canals.

On the old map by Cornelis Antonisz. of 1544, the walker can see the city with its ships; only a few canals traverse the area within the city walls. He recognizes buildings, the pattern of the streets. The city has preserved itself for him, he walks there every day. Where in the seventeenth century his house will be built is a red mill, there is the green land that surrounds the city.

It is grey today, misty. The walker who I am walks past the Royal Palace, which once, when it was built, towered above everything else. On more than thirteen thousand piles it stands in that very same marshy ground, that of the beginning, that of Amestelle. I walk along the canals where the poets walked who wrote in my secret language which no foreigner can read. I walk past the patricians' palaces, which are now offices, past the mercantile houses of the long-gone empire. In dark, empty streets I walk past the houses of the nameless of those days, without whom that vanished empire could never have existed.

Nothing is still the same, everything is the same. It is my city, a sign for initiates. It will never completely reveal itself to the stranger who does not know the language and the history, because it is precisely the language and the names which preserve the secret moods, secret places, secret memories. Open city, closed city. One for us, one for the others. A city on the water, a city of people, devised and written by people and water. A city of many times, and a city in time. A city which exists twice, visible and invisible, a city of stone and wood and water and glass and also of something which cannot be named.

Voorwoord Cees Nooteboom

Waaruit bestaat een stad? Uit alles wat er is gezegd, gedroomd, vernietigd, gebeurd. Het gebouwde, het verdwenene, het gedroomde dat er nooit kwam. Het levende en het dode. De houten huizen die zijn afgebroken of verbrand, de paleizen die er hadden kunnen zijn, de brug die wel getekend werd maar nooit gebouwd. De huizen die er nog steeds staan, waarin generaties hun herinneringen hebben achtergelaten. Maar er is veel meer dan dat.

Een stad is alle woorden die er ooit gezegd zijn, een onophoudelijk, nooit eindigend gemompel, gefluister, gezang en geschreeuw dat in de eeuwen geklonken heeft en weer is weggewaaid. Het kan niet zo verdwenen zijn of het heeft erbij gehoord, ook dat wat nooit meer te achterhalen is maakt er deel van uit, gewoon, omdat het ooit hier, op deze plaats, is geroepen of uitgesproken op een winternacht of een zomerochtend. De hagepreek, het vonnis van de vierschaar, de schreeuw van de gegeselde, het bieden op de veiling, de verordening, het plakkaat, de betoging, het pamflet, de aankondiging van een sterven, het omroepen van de tijd, de woorden van nonnen, hoeren, koningen, regenten, schilders, schepenen, beulen, schippers, lansknechten, sluiswachters en bouwmeesters, dat aanhoudende gesprek in het levende lichaam van de stad, dat is de stad zelf.

Wie het wil kan het horen. Het overleeft in archieven, gedichten, in straatnamen en spreekwoorden, in de woorden en tonaliteiten van de taal, zoals de gezichten op oude schilderijen overleven in de gezichten die we zien, zoals onze woorden en gezichten tussen al die woorden en gezichten zullen verdwijnen, herinnerd en niet herinnerd, verwaaid, vergeten en nog steeds aanwezig, opgesloten in dat woord dat de stad benoemt, Amsterdam. De stad is een boek om te lezen, de wandelaar is de lezer. Hij kan op elke bladzij beginnen, heen en terug lopen in de tijd en de ruimte. Het boek heeft dan misschien wel een begin, maar nog lang geen einde. De stad is niet zwijgzaam, zij reikt de woorden aan; ze bestaan uit gevelstenen, bouwputten, straatnamen, jaartallen, beelden, en de verbeelding ziet erbij wat de geschiedenis hem verteld heeft.

De wandelaar staat stil bij een bouwput en ziet hoe archeologen de grond zeven, uitkammen, met zachtzinnige vingers naar het verleden graven, op zoek naar tekens van zijn voorouders. Hij verbaast zich erover dat die daar beneden woonden. Wordt de aarde dan steeds dikker? Hij vraagt zich af of hij die andere, vroegere Amsterdammers verstaan zou hebben. Maar het verleden is niet alleen daar beneden, het is ook daarboven, in de gevels met hun voorstellingen van walvistanden, Indianen, zinnebeelden, handelswaar, slaven, schepen. Iedereen, lijkt het, had in die dagen iets met schepen te maken, iedereen hoorde bij het water, hetzelfde water dat nog steeds donker en geheimzinnig in de grachten staat.

Op de oude kaart van Cornelis Antonisz. uit 1544 kan de wandelaar de stad zien liggen met haar schepen, het zijn nog maar weinig grachten die het oppervlak tussen de stadsmuren doorsnijden. Hij herkent gebouwen, de tekening van de straten. De stad heeft zich voor hem bewaard, hij loopt daar nog elke dag, waar in de zeventiende eeuw zijn huis zal komen, staat nog een rode molen, daar is het groene land dat de stad omsluit.

Grijs is het vandaag, mistig. De wandelaar die ik ben loopt langs het Koninklijk Paleis, dat ooit, toen het gebouwd werd, zo hoog boven alles uitstak. Op meer dan dertienduizend palen staat het in nog steeds dezelfde drassige grond, die van het begin, die van Amestelle. Ik loop langs de grachten waar de dichters liepen die in mijn geheimtaal schreven en die geen buitenlander lezen kan. Ik loop langs de paleizen van de patriciërs die nu kantoren geworden zijn, langs de handelshuizen van het vervlogen imperium. In donkere, lage straten loop ik langs de huizen van de naamlozen van toen zonder wie dat vergane wereldrijk nooit had kunnen bestaan.

Niets is hetzelfde gebleven, alles is hetzelfde. Het is mijn stad, een teken voor ingewijden. Zij zal zich nooit helemaal prijsgeven aan de vreemdeling die de taal en de geschiedenis niet kent, omdat het juist de taal en de namen zijn die de geheime humeuren, geheime plaatsen, geheime herinneringen bewaren. Open stad, gesloten stad. Eén voor ons, één voor de anderen. Een stad aan het water, een stad van mensen, door mensen en water bedacht en geschreven. Een stad van veel tijden, en een stad in de tijd. Een stad die tweemaal bestaat, zichtbaar en onzichtbaar, uit steen en hout en water en glas en ook nog uit iets dat met geen woorden kan worden benoemd.

Prólogo Cees Nooteboom

¿Qué configura a una ciudad? Todo lo que se ha dicho, soñado, destruido, ancontecido. Lo edificado, lo desaparecido, lo soñado que nunca se hizo realidad. Lo vivo y lo muerto. Las casas de madera que fueron derribadas o quemadas, los palacios que hubieran podido existir, el puente que se diseñó pero que nunca se llegó a construir. Las casas que aún quedan, dentro de las cuales diferentes generaciones han dejado sus recuerdos. Pero es mucho más que eso.

Una ciudad son todas las palabras que fueron pronunciadas en alguna ocasión, es un continuo, incesante murmullo, un susurro, un cántico y un grito que ha resonado en los siglos y que el viento se ha vuelto a llevar. No puede haber desaparecido sin más si ha formado parte de ella, también lo que nunca se podrá recuperar ha sido parte de ella, así de sencillo, porque en algún momento, en este lugar, ha sido gritado o pronunciado en una noche de invierno o una mañana de verano. El sermón al aire libre, la sentencia del tribunal, el grito del flagelado, la puja en una subasta, el decreto, el cartel, la manifestación, el panfleto, el presagio de un moribundo, la llamada del tiempo, las palabras de las monjas, las prostitutas, los reyes, los regentes, los pintores, los regidores, los verdugos, los barqueros, los lansquenetes, los guardas de esclusas y los urbanistas, esa continua conversación en el cuerpo vivente de la ciudad, ésa es la ciudad misma.

Quien quiere oírlo, lo oye. Sigue vivo en los archivos, las poesías, en los nombres de las calles y en los refranes, en las palabras y tonalidades de la lengua; como los rostros en los viejos cuadros sobreviven en los rostros que nosotros vemos; como nuestras palabras y nuestros rostros desaparecerán entre todas esas palabras y esos rostros; recordado y no recordado, revuelto, olvidado y aún presente, encerrado en esa palabra que da nombre a la ciudad, Amsterdam. La ciudad es un libro para leer, el paseante es el lector. Él puede empezar en cualquier página, ir y volver andando en el tiempo y en el espacio. El libro quizás tenga un principio, pero falta mucho para un final. La ciudad no está silenciosa, ella proporciona las palabras; éstas están formadas por piedras labradas, zanjas, nombres de calles, años, esculturas y la imaginación ve en ello lo que la historia le ha relatado.

El paseante se para ante una zanja y observa como arqueólogos tamizan la tierra, rastrean, excavan cuidadosamente con los dedos en el pasado, buscando vestigios de sus antepasados. Le asombra saber que éstos hubieran podido vivir allí abajo. ¿Se vuelve la tierra cada vez más espesa? Se pregunta si él hubiera comprendido a los otros, a los primeros habitantes de Amsterdam. Pero el pasado no sólo está allí abajo, también allí arriba, en las fachadas con sus imágenes que representan dientes de ballena, indios, emblemas, mercancías, esclavos, embarcaciones. Parece ser que en aquellos tiempos todo el mundo tenía algo que ver con las embarcaciones, todos estaban relacionados con el agua, la misma agua oscura y misteriosa que aún hay en los canales.

En el viejo plano de Cornelis Antonisz., que data de 1544, el paseante puede ver la ciudad con sus embarcaciones, quedan pocos canales que surcan la superficie comprendida entre los muros de la ciudad. Él reconoce edificios, el trazado de las calles. La ciudad lo ha conservado para él, él aún pasea por allí cada día, donde en el siglo XVII será construida su casa, hay todavía un molino rojo, allí está la zona verde que rodea a la ciudad.

Hoy el día está gris y brumoso. El paseante, que soy yo, pasa por el Palacio Real, que cuando fue construido era tan alto que sobresalía del resto. Se apoya sobre más de 13.000 pilotes en el mismo pantanoso suelo de sus comienzos, en el de Amestelle. Paso por los canales por donde anduvieron los poetas que escribían en mi lengua secreta y que ningún extranjero puede leer. Paso por los palacios de los patricios hoy convertidos en oficinas, por las casas de compra y venta del imperio esfumado. En calles oscuras, de edificios bajos, paso por las casas de las personas anónimas de antaño sin las que nunca hubiera podido existir este desaparecido imperio.

Nada ha quedado igual, todo es lo mismo. Es mi ciudad, una señal para los iniciados. Ella nunca se entregará por completo al extranjero que no conozca la lengua y la historia porque precisamente la lengua y los nombres son los que guardan el talante oculto, los lugares recónditos, los recuerdos secretos. Ciudad abierta, ciudad cerrada. Una para nosotros, una para los otros. Una ciudad junto al agua, una ciudad de personas, creada y escrita por la gente y el agua. Una ciudad de muchos tiempos, una ciudad en el tiempo. Una ciudad con doble existencia, visible e invisible, de piedra y madera, de agua y cristal y también de algo más que no puede ser descrito con palabras.

Vorwort Cees Nooteboom

Woraus besteht eine Stadt? Aus allem, was dort gesagt, geträumt, zerstört wird und geschieht. Das Gebaute, das Verschwundene, das Geträumte, das es nie gab. Das Lebende und das Tote. Die Holzhäuser, die abgerissen oder abgebrannt sind, die Paläste, die möglich gewesen wären, die Brücke, die zwar gezeichnet, doch nie gebaut wurde. Die Häuser, die noch immer stehen und in denen Generationen ihre Erinnerungen zurückgelassen haben. Aber es gibt noch vieles mehr.

Eine Stadt, das sind alle Worte, die je gesagt worden sind, ein fortwährendes, nie endendes Gemurmel, Geflüster, Gesinge und Geschrei, das durch die Jahrhunderte hindurch erklungen und wieder verweht ist. Wenn es einmal dazu gehört hat, kann es nicht einfach verschwunden sein, auch das, was nie mehr aufzuspüren ist, ist Teil des Ganzen, einfach, weil es irgendwann einmal hier, an dieser Stelle, in einer Winternacht oder an einem Sommermorgen ausgerufen oder ausgesprochen worden ist. Die Predigt im Freien, das Urteil des Tribunals, der Schrei des Gegeißelten, das Bieten auf der Auktion, die Verordnung, das Plakat, die Kundgebung, das Pamphlet, die Bekanntmachung eines Todesfalls, die Worte von Nonnen, Huren, Königen, Regenten, Malern, Schöffen, Leuteschindern, Schiffern, Landsknechten, Schleusenwärtern und Baumeistern, dieses andauernde Gespräch im lebendigen Körper der Stadt, das ist die Stadt selbst.

Wer es will, kann es hören. Es überlebt in Archiven, Gedichten, in Straßennamen und Sprichwörtern, in den Wörtern und Tonalitäten der Sprache, so wie die Gesichter auf alten Gemälden überleben in den Gesichtern, die wir sehen, so wie unsere Wörter und Gesichter zwischen all diesen Wörtern und Gesichtern verschwinden werden, erinnert und nicht erinnert, verweht, vergessen und noch immer anwesend, eingeschlossen in dem Wort, das die Stadt benennt: Amsterdam. Die Stadt ist ein Buch zum Lesen, der Spaziergänger ist der Leser. Er kann auf jeder Seite beginnen, in Zeit und Raum eintauchen und wieder zurückgehen. Das Buch hat dann vielleicht einen Anfang, aber noch lange kein Ende. Die Stadt ist nicht schweigsam, sie bietet die Wörter an; sie bestehen aus Fassadensteinen, Baustellen, Straßennamen, Jahreszahlen, Skulpturen und die Fantasie malt sich dazu aus, was die Geschichte ihr erzählt hat.

Der Spaziergänger bleibt an einer Baustelle stehen und sieht, wie die Archäologen die Erde sieben, durchkämmen, behutsam in der Vergangenheit graben, auf der Suche nach Zeichen seiner Vorfahren. Er staunt darüber, dass diese einmal dort unten gewohnt haben. Wird die Erde denn immer dicker? Er fragt sich, ob er jene anderen, früheren Amsterdamer verstanden hätte. Aber die Vergangenheit liegt nicht nur dort unten, sie befindet sich auch dort oben, in den Fassaden mit ihren Darstellungen von Walzähnen, Indianern, Sinnbildern, Handelsware, Sklaven, Schiffen. Jeder, so scheint es, hatte in jenen Tagen etwas mit Schiffen zu tun, jeder gehörte zum Wasser, dasselbe Wasser, das noch immer dunkel und geheimnisvoll in den Grachten steht.

Auf der alten Stadtansicht von Cornelis Antonisz. aus dem Jahre 1544 sieht der Spaziergänger die Stadt mit ihren Schiffen vor sich liegen, noch gibt es nur wenige Grachten, die die Oberfläche zwischen den Stadtmauern durchschneiden. Er erkennt Gebäude, die Muster der Straßen. Die Stadt hat sich für ihn aufbewahrt, er spaziert noch immer jeden Tag dort, wo im siebzehnten Jahrhundert sein Haus entstehen wird, da steht noch eine rote Mühle, da ist das grüne Land, das die Stadt umgibt.

Grau ist es heute, neblig. Der Spaziergänger, der ich bin, geht am Königlichen Palast vorbei, der einmal, als er erbaut wurde, alles so hoch überragte. Auf über dreizehntausend Pfählen steht er noch immer in demselben sumpfigen Boden des ursprünglichen Amestelle. Ich gehe die Grachten entlang, wo die Dichter gegangen sind, die in meiner Geheimsprache geschrieben haben und die kein Ausländer lesen kann. Ich gehe an den Palästen der Patrizier vorbei, die jetzt Büros geworden sind, entlang der Handelshäuser des längst untergegangenen Imperiums. In dunklen, niedrigen Straßen gehe ich an den Häusern der Namenlosen von damals vorbei, ohne die dieses vergangene Weltreich nie hätte existieren können.

Nichts ist dasselbe geblieben, alles ist dasselbe. Es ist meine Stadt, ein Zeichen für Eingeweihte. Sie wird sich dem Fremden, der die Sprache und die Geschichte nicht kennt, niemals ganz preisgeben, weil es gerade die Sprache und die Namen sind, die die geheimen Stimmungen, geheimen Orte, geheimen Erinnerungen bewahren. Offene Stadt, geschlossene Stadt. Eine für uns, eine für die anderen. Eine Stadt am Wasser, eine Stadt der Menschen, von Menschen und vom Wasser erdacht und geschrieben. Eine Stadt vieler Zeiten und eine Stadt in der Zeit. Eine Stadt, die zweimal existiert, sichtbar und unsichtbar, aus Stein und Holz und Wasser und Glas und aus noch etwas anderem, das nicht in Worten ausgedrückt werden kann.

Introduction Maaike Behm, Maarten Kloos

A presentation of 25 key buildings in Amsterdam is a difficult task. Although small compared to other 'big' cities in the world, Amsterdam's architectural heritage, which has developed over seven centuries, is complex. There are the undisputed monuments with all their cultural relationships and references, there are the major historic buildings (Waag, Schreierstoren, Rembrandt House); there are the traditions: the docks and social housing. Major architects have contributed to the beauty of the city, but some world-famous architects (Rietveld, Koolhaas, Piano, Holl) have not lived up to expectations in Amsterdam. Selecting 25 buildings in order to introduce the city's architecture means that virtually impossible decisions must be taken.

Church buildings The problems of selection begin with the church buildings, for which Amsterdam is famous. The Zuiderkerk is a gem, and the Nieuwe Kerk is now famous throughout the world since the fairy-tale wedding of Prince Willem-Alexander and Máxima Zorreguieta in February 2002. However, we have deliberately chosen the Oude Kerk, literally the oldest church building, since 1300 the heart of Amsterdam's town centre. And also Hendrick de Keyser's Westerkerk, which marks the transition from the monumental ring of canals to De Jordaan, a neighbourhood on a much smaller scale.

Throughout the centuries, religious institutions have not confined themselves to the foundation of places of worship. They also provided housing as part of their charitable works. Begijnhof was built for single, religious women; Het Houten Huys (the wooden house) is the only remaining wooden building here dating from the fifteenth century. Raepenhofje is a collection of small dwellings which were provided free of charge for elderly Protestant women.

These early examples of social housing and care of the elderly contrast, of course, with the luxurious houses in the ring of canals, in which the wealth of the city's elite in the seventeenth and eighteenth centuries is evident. A masterpiece of that period is the Huis Bartolotti (Bartolotti House). Like the Westerkerk, it was designed by Hendrick

15

de Keyser and was built close to where later the majestic façade frontage of Herengracht was to be confronted by a swathe of demolition for traffic purposes, the creation of the present-day Raadhuisstraat. From a later period, we did not choose the famous Cromhout Houses or the Trippen House by the Vingboons brothers, but rather the less flamboyant but, because of it size, interior and garden, unique house on Keizersgracht, now the Museum Van Loon.

The impressive, neoclassical building of the arts and science society Felix Meritis, for which three canal houses were demolished, shows that in the eighteenth century it was a matter of course that important cultural buildings should be given a prominent place in the city. That there was no fear of major interventions in those days had already been demonstrated over a century earlier when a new town hall was built on the Dam. This masterpiece by Jacob van Campen, since 1808 the Koninklijk Paleis (Royal Palace), was on completion the biggest administrative building in Europe.

Rijksmuseum Another great monument of international significance, the Rijksmuseum by P.J.H. Cuypers, was built at the end of the nineteenth century on what was then the city's periphery. The new accommodation for the Netherlands' most important historical collections was designed as a gateway to a new area of city extension. For this reason, the building, which is to be radically remodelled in the coming years, is now the link between the ring of canals and Museumplein (which was reorganized in 1999), in which the Concertgebouw, the Stedelijk Museum and the Van Gogh Museum (Rietveld **cum suis** and Kisho Kurokawa) are situated.

Architecturally, the Rijksmuseum was the prelude to spectacular changes. Partly because the Netherlands was neutral in the First World War, at the beginning of the twentieth century it was possible to build large buildings, from the American Hotel by W. Kromhout to the Nederlandse Handelsmaatschappij by K.P.C. de Bazel. Stylistically, the Art Deco Theater Tuschinski is unique. For the development of architecture, however, another building proved more important. The Beurs (stock exchange) by H.P. Berlage is rightly regarded as a landmark in architecture. Berlage bequeathed other masterpieces to Amsterdam as well, including the building for the ANDB (diamond workers' union), now the Vakbondsmuseum (trade union museum). Berlage's Beurs in particular was a major influence on both the expressionists of the Amsterdam School and the more rational architects of the Nieuwe Bouwen, the Dutch Modern Movement.

The Scheepvaarthuis by J.M. van der Mey was the first complete example of the Amsterdam School style. It is a true **Gesamtkunstwerk** with an exuberant iconographical decorative programme. Nevertheless, the housing built in the Amsterdam School style has always attracted the most attention. This has everything to do with the fact that in 1901 the Housing Act was passed, which proved of inestimable significance. Major housing schemes such as the Harmoniehof and Betondorp were made possible by this act. Masterpieces of Amsterdam School architecture can be found in the P.L. Takstraat (by P.L. Kramer) and in Spaarndammerbuurt, where Michel de Klerk built Het Schip (The Ship), the movement's icon illustrated here. A less well-known but just as interesting example of the Amsterdam School for the development of Amsterdam can be found to the north of the IJ. Here, shortly after the First World War, garden villages were built on sites, which up until then had had an industrial function. With its many communal facilities, Tuindorp Nieuwendam clearly displays the social aims of the client and the architect.

Plan Zuid On the south side, too, the city expanded during this period. This extension was based on Berlage's Plan Zuid. The many architects involved in the fleshing out of this urban design plan were for the most part adherents of the Amsterdam School, but there was also space for modern architecture, as the buildings by Brinkman & Van der Vlugt, M. Stam and J. Wils (Olympic Stadium) attest. At the point where three monumental thoroughfares converge stands the Wolkenkrabber (skyscraper) by J.F. Staal, a follower of Berlage in the transition to the Nieuwe Bouwen. Elsewhere in Amsterdam-Zuid, hidden in an inner courtyard, is the Openluchtschool (open-air school), together with the Zonnestraal sanatorium (in Hilversum), one of the masterpieces by the Nieuwe Bouwen architect J. Duiker, who later also designed the Cineac.

Duiker, who died at a young age before the Second World War, was one of the great sources of inspiration for the group of critical architects who after the war gave modern architecture a new impetus. To a greater extent than their predecessors, the members of this so-called Forum group, which included J.B. Bakema, Aldo van Eyck and Herman

Hertzberger, based their work on socio-psychological theories. In Amsterdam, Van Eyck built, among other things, the Hubertushuis, but then he was already world-famous for his Burgerweeshuis (orphanage), the prototype of the architecture of the Forum Group. Hertzberger became well known at a young age because of his students' house in Weesperstraat and he later built, among other things, Montessori College Oost and two schools, Montessorischool/Willemsparkschool, in the middle of Plan Zuid.

With their ideas about the place of architecture in an urban society, Van Eyck **cum suis** made a major contribution to the way in which urban renewal was carried out from the early seventies onwards; an operation which in the city centre was accompanied by large-scale demolition to make way for a new metro line. Architects like Theo Bosch and Paul de Ley devoted themselves to the restoration of the existing city. Since 1970, there has been an instructive example of careful modernization in the private house Singel 428 by Cahen & Girod.

Increase in scale During that same period, as a sequel to the Weste-lijke Tuinsteden and Buitenveldert in the south of the city, the large-scale urban extension Bijlmermeer (Amsterdam-Zuidoost) took shape in accordance with the principles of light, air and space which had been advocated since the thirties by the urban planner C. van Eesteren. How-ever, it soon became clear here that change was in the wind. While major realizations such as the exhibition and conference centre RAI and the Academisch Medisch Centrum (a hospital) were still regarded as nothing more than large objects, the NMB (ING) Hoofdkantoor (Headquarters) by Alberts & Van Huut, which was based on anthroposophical ideas, was also experienced as a form of densification. And gradually, this intensi-fication of land use – a necessity in physical planning in the Netherlands – became a guiding principle in all major urban operations.

Concurrently with the renovation of the Bijlmer, high-rise office towers have recently been built near Amsterdam-Amstel railway station and a large new sub-centre is being realized in the key area of the Zuidas – between Berlage's Plan Zuid and Van Eesteren's Buitenveldert. ABN AMRO is located here in a building by Pei Cobb Freed & Partners and the headquarters of the ING House by Meyer & Van Schooten are situated here. An early example of renewal in the Westelijke Tuinsteden is the residential care complex for the elderly Oklahoma, by MVRDV, which quickly became famous. And in the former dockland area Oostelijk Havengebied, a new residential district with mainly low-rise, the housing density has increased considerably with the colossal housing blocks Piraeus (Kollhoff & Rapp) and The Whale (Frits van Dongen).

What these two buildings make clear is not only that densification and increase in scale can go well together in Amsterdam, but above all how important the role of the water is in this regard. Throughout the city, new buildings are being constructed and existing structures have been given a new use, but the renewal is nowhere as evident as in the former docks. Here in particular radical experiments can be found; for example, with regard to living on the water, the construction of new types of canal house and individual commissioning (see Scheepstimmermanstraat on Borneo). On the Silodam is a remarkable combination of three large residential buildings, only one of which was built with that function; the other two are former grain warehouses which have been radically transformed.

'Amsterdam, city on the water. Amsterdam, city on the IJ. Anyone who meddles with Amsterdam, meddles with me too'. It has been sung from time immemorial and is still the case. The city owes its beauty to the Amstel and its canals and was able to develop because, for centuries, the IJ has been the homeport of ships, which brought wealth to the city from all over the globe. A true Amsterdammer will therefore never get used to Cuypers' Centraal Station, which – however handsome it may be – ever since its construction in 1882-89 has cut the city centre off from the IJ.

At the beginning of the twenty-first century, new bridges have been and are being built, which also seem to reveal an innate love of the water. The largest, the Enneüs Heermabrug by Nicholas Grimshaw & Partners, connects the city to IJburg, a new island kingdom, which attests to the dynamism of a city which is constantly renewing itself.

Inleiding Maaike Behm, Maarten Kloos

Een presentatie van 25 hoogtepunten van de Amsterdamse architectuur is een hachelijke zaak. Zo klein als de stad is in vergelijking met andere 'grote' steden in de wereld, zo complex is het architectonisch erfgoed dat in zeven eeuwen is ontstaan. Er zijn de onbetwiste monumenten met al hun culturele relaties en verwijzingen, er zijn de grote historische momenten (Waag, Schreierstoren, Rembrandthuis), er zijn de tradities: de haven en de sociale woningbouw. Grote architecten hebben bijgedragen aan de schoonheid van de stad, maar ook hebben wereldberoemde architecten (Rietveld, Koolhaas, Piano, Holl) juist in Amsterdam hun ware niveau niet gehaald. 25 gebouwen uit het hele bestand lichten om daarmee de architectuur van de stad te introduceren, betekent dat bijna onmogelijke afwegingen moeten worden gemaakt.

Kerkgebouwen De problemen van de selectie beginnen al bij de kerkgebouwen om welke Amsterdam beroemd is. De Zuiderkerk is een juweel, de Nieuwe Kerk is wereldwijd bekend sinds het sprookjeshuwelijk van kroonprins Willem-Alexander en Máxima Zorreguieta in februari 2002. Hier is echter bewust gekozen voor de Oude Kerk, letterlijk het oudste kerkgebouw, sinds 1300 het hart van Amsterdamse binnenstad. En ook voor Hendrick de Keysers Westerkerk die de overgang markeert van de monumentale grachtengordel naar de veel kleinschaliger wijk De Jordaan.

Door de eeuwen heen hebben religieuze instellingen zich niet beperkt tot het oprichten van godshuizen. Zij zorgden in het kader van de liefdadigheid ook voor woonruimte. Het Begijnhof werd speciaal voor alleenstaande gelovige vrouwen gebouwd; Het Houten Huys is het laatst overgebleven houten pand dat er sinds de vijftiende eeuw deel van uitmaakt. Het Raepenhofje is een verzameling kleine woningen die gratis ter beschikking werden gesteld van bejaarde Protestantse vrouwen.

Met deze vroege voorbeelden van sociale woningbouw en ouderenzorg contrasteren natuurlijk de luxueuze huizen in de grachtengordel waaraan de rijkdom van de elite in de zeventiende en achttiende eeuw is af te lezen. Een meesterwerk uit die tijd is het Huis Bartolotti, evenals de Westerkerk ontworpen door Hendrick de Keyser en gebouwd nabij het punt waar de majestueuze gevelwand van de Herengracht nadien werd geconfronteerd met een grote verkeersdoorbraak, de huidige Raadhuisstraat. Uit een latere periode zijn niet de beroemde Cromhouthuizen of het Trippenhuis van de gebroeders Vingboons gekozen. Wel het minder flamboyante maar door zijn grootte, inrichting en tuin zeer bijzondere huis aan de Keizersgracht, nu Museum Van Loon.

Het indrukwekkende, neoclassicistische gebouw van het kunst- en weten-
schapsgenootschap Felix Meritis, waarvoor drie grachtenhuizen werden
gesloopt, laat zien dat het in de achttiende eeuw vanzelfsprekend was dat
belangrijke culturele gebouwen een prominente plaats kregen in de stad.
Dat er destijds geen angst was voor grote ingrepen, was ruim een eeuw
eerder ook al bewezen toen op de Dam een nieuw stadhuis werd gebouwd.
Dit meesterwerk van Jacob van Campen, sinds 1808 het Koninklijk
Paleis, was bij zijn voltooiing het grootste bestuurlijke gebouw van
Europa.

Rijksmuseum Een ander groot monument van internationale betekenis, het Rijksmuseum van P.J.H. Cuypers, werd aan het eind van de negen-
tiende eeuw gebouwd aan wat op dat moment de rand van de stad was.
Het nieuwe onderkomen voor Nederlands belangrijkste historische col-
lecties werd ontworpen als een poort naar een nieuwe stadsuitbreiding.
Daardoor is het gebouw, dat de komende jaren grondig verbouwd zal
worden, in onze tijd de verbinding tussen de grachtengordel en het in
1999 opnieuw ingerichte Museumplein waaraan het Concertgebouw,
het Stedelijk Museum en het Van Gogh Museum (Rietveld **cum suis** en
Kisho Kurokawa) liggen.

Architectonisch was het Rijksmuseum de opmaat tot spectaculaire
veranderingen. Mede doordat Nederland neutraal was in de Eerste
Wereldoorlog konden in het begin van de twintigste eeuw grote gebouwen
van de grond komen, van het American Hotel van W. Kromhout tot de
Nederlandse Handelsmaatschappij van K.P.C. de Bazel. Stilistisch gezien
uniek is het in Art Deco-stijl opgetrokken Theater Tuschinski. Voor de
ontwikkeling van de architectuur zou een ander gebouw echter belang-
rijker blijken te zijn. De Beurs van H.P. Berlage wordt terecht beschouwd
als een doorbraak in de architectuur. Berlage heeft Amsterdam meer
meesterwerken nagelaten, waaronder het gebouw voor de 'Algemeene
Nederlandsche Diamantbewerkers Bond' (ANDB), het huidige Vakbondsmuseum. Maar vooral met de Beurs heeft hij grote invloed uitgeoefend
op zowel de expressionisten van de Amsterdamse School als de meer
rationeel ingestelde architecten van wat nadien het Nieuwe Bouwen zou
worden.

Van de Amsterdamse School is het Scheepvaarthuis van J.M. van
der Mey het eerste complete voorbeeld, een waar **Gesamtkunstwerk** met

een uitbundig iconografisch decoratieprogramma. Toch heeft de woningbouw in deze stijl door de jaren heen de meeste aandacht getrokken.
Dit heeft alles te maken met het feit dat in 1901 de Woningwet werd
aangenomen die van onschatbare betekenis zou blijken te zijn. Grote
woningbouwprojecten als de Harmoniehof en Betondorp werden hierdoor
mogelijk gemaakt. De Amsterdamse School bereikte hoogtepunten in de
P.L. Takstraat (van P.L. Kramer) en in de Spaarndammerbuurt. Daar
bouwde Michel de Klerk Het Schip, het hier geïllustreerde icoon van de
beweging. Een minder bekend, maar voor de ontwikkeling van Amsterdam
even interessant voorbeeld van de Amsterdamse School is te vinden ten
noorden van het IJ. Hier werden kort na de Eerste Wereldoorlog tuindorpen aangelegd op locaties die tot dan toe een industriële functie hadden. Tuindorp Nieuwendam etaleert met zijn vele gemeenschappelijke
voorzieningen de sociale ambities van opdrachtgever en architect.

Plan Zuid Ook aan de zuidzijde werd de stad in die tijd uitgebreid.
Dit gebeurde op basis van het Plan Zuid van Berlage. De vele architecten
die bij de invulling van dit stedebouwkundig plan waren betrokken,
waren overwegend aanhangers van de Amsterdamse School maar ook
voor het moderne bouwen was plaats, getuige gebouwen van Brinkman
& Van der Vlugt, M. Stam en J. Wils (Olympisch Stadion). Op het punt
waar drie monumentale wegen samenkomen staat de Wolkenkrabber
van J.F. Staal, een leerling van Berlage in de overgang naar het Nieuwe
Bouwen. Elders in Amsterdam-Zuid ligt, verscholen op een binnenterrein,
de Openluchtschool, met sanatorium Zonnestraal (in Hilversum) te
rekenen tot de hoogtepunten in het œuvre van J. Duiker, de grootmeester
van het Nieuwe Bouwen die later ook de Cineac zou ontwerpen.

Duiker, die al voor de Tweede Wereldoorlog op jonge leeftijd stierf,
was een van de grote inspirators van de groep kritische architecten die
na de oorlog het moderne bouwen een nieuwe impuls gaven. De leden
van deze zogenaamde Forum-groep, waartoe J.B. Bakema, Aldo van Eyck
en Herman Hertzberger behoorden, baseerden hun werk meer dan hun
voorgangers op sociaal-psychologische theorieën. Van Eyck bouwde in
Amsterdam onder andere het Hubertushuis, maar was toen al wereld-
beroemd door zijn Burgerweeshuis, prototype van de architectuur van
de Forum-groep. Hertzberger werd op jeugdige leeftijd bekend door zijn
studentenhuis aan de Weesperstraat en bouwde nadien in Amsterdam

onder andere het Montessori College Oost en een tweetal scholen, Montessorischool/Willemsparkschool, midden in Plan Zuid.

Met hun gedachten over de plaats van de architectuur in een stedelijke samenleving droegen Van Eyck *cum suis* veel bij aan de manier waarop de stadsvernieuwing vanaf het begin van de jaren zeventig werd aangepakt, een operatie die in het centrum van de stad gepaard ging met grootschalige sloop ten bate van de aanleg van een metrolijn. Architecten als Theo Bosch en Paul de Ley wierpen zich op het herstel van de bestaande stad. Vanaf 1970 hadden zij in het woonhuis Singel 428 van Cahen & Girod een leerzaam voorbeeld van zorgvuldige modernisering.

Schaalvergroting In diezelfde periode kreeg, in vervolg op de Westelijke Tuinsteden en Buitenveldert in het zuiden, ook een grootschalige stadsuitbreiding als de Bijlmermeer (Amsterdam-Zuidoost) gestalte volgens het principe licht, lucht en ruimte dat al sinds de jaren dertig door stedebouwkundige C. van Eesteren was bepleit. Maar snel werd hier duidelijk dat er verandering op til was. Werden grote realisaties als het expositie- en congrescentrum RAI en het Academisch Medisch Centrum nog beschouwd als niet meer dan grote objecten, het op antroposofische overtuiging gestoelde NMB (ING) Hoofdkantoor van Alberts & Van Huut werd tevens ervaren als een vorm van verdichting. En gaandeweg zou dit intensiveren van het grondgebruik – een noodzaak in de ruimtelijke ordening in Nederland – leidraad worden bij alle grote stedelijke operaties.

Tegelijk met de vernieuwing van de Bijlmer verschijnen de laatste tijd in de nabijheid van het NS-station Amsterdam-Amstel hoge kantoortorens en ontstaat in het kerngebied van de Zuidas – tussen Berlage's Plan Zuid en Van Eesterens Buitenveldert – een omvangrijk nieuw subcentrum. Hier is ABN AMRO neergestreken in een gebouw van Pei Cobb Freed & Partners en staat het hoofdkantoor van de ING House van Meyer & Van Schooten. Een vroeg voorbeeld van vernieuwing in de Westelijke Tuinsteden is het snel beroemd geworden woonzorgcomplex Oklahoma van MVRDV. En in het Oostelijk Havengebied, een nieuw woongebied met overwegend laagbouw, is met de kolossale woongebouwen Piraeus (Kollhoff & Rapp) en The Whale (Frits van Dongen) de woningdichtheid aanzienlijk verhoogd.

Wat bij die twee gebouwen duidelijk wordt, is niet alleen dat verdichting en schaalvergroting in Amsterdam goed kunnen samengaan, maar vooral hoe belangrijk de rol van het water daarbij is. Overal in de stad vindt nieuwbouw plaats en zijn herbestemmingen tot stand gekomen, maar nergens is de vernieuwing zo voelbaar als in het voormalige haven-bekken. Vooral hier zijn vergaande experimenten te vinden, bijvoorbeeld ten aanzien van wonen op het water, het bouwen van nieuwe typen grach-tenhuizen en individueel opdrachtgeverschap (zie de Scheepstimmerman-straat op Borneo). Op de Silodam staat een opmerkelijke combinatie van drie grote woongebouwen. Slechts een ervan is als zodanig gebouwd, de andere twee zijn voormalige graansilo's die een grondige transformatie hebben ondergaan.

'Amsterdam, stad aan het water. Amsterdam, stad aan het IJ. Wie aan Amsterdam komt, die komt ook een beetje aan mij'. Het werd van oudsher gezongen, het is nog steeds het geval. De stad dankt zijn schoon-heid aan de Amstel en zijn grachten en kon zich ontwikkelen doordat het IJ al eeuwenlang de thuishaven is van schepen de overal vandaan de rijk-dom hebben binnengevaren. Een echte Amsterdammer zal dan ook nooit wennen aan het Centraal Station van Cuypers dat – hoe fraai het ook is – sinds de bouw ervan in de jaren 1882-89 de binnenstad afsluit van het IJ.

In het begin van de een en twintigste eeuw zijn en worden nieuwe bruggen gebouwd die ook weer lijken te getuigen van een aangeboren liefde voor het water. De grootste daarvan, de Enneüs Heermabrug van Nicholas Grimshaw & Partners, verbindt de stad met IJburg, een nieuw eilandenrijk dat getuigt van de dynamiek van een zich voortdurend ver-nieuwende stad.

Introducción Maaike Behm, Maarten Kloos

Hacer una presentación de los 25 edificios más emblemáticos de la arqui-tectura de Amsterdam es un arduo proyecto. Aunque, si se compara con otras ciudades 'grandes', Amsterdam es pequeña, el patrimonio arquitec-tónico que ha surgido en siete siglos es muy complejo. Se encuentran los indiscutibles monumentos con todas sus relaciones y referencias cul-turales y los grandes momentos históricos (Waag, Schreierstoren, Casa de Rembrandt). También están las tradiciones: el puerto y las viviendas sociales. Grandes arquitectos han contribuido al embellecimiento de la ciudad, pero, también ha sido en Amsterdam donde arquitectos de renombre mundial como Rietveld, Koolhaas, Piano, Holl, no lograron demostrar su valía. Seleccionar de todo el archivo 25 edificios para poder dar a conocer la arquitectura de la ciudad, significa tener que hacer consideraciones casi imposibles.

Iglesias Los problemas de la selección ya empiezan con las iglesias a las que Amsterdam debe su fama. La Zuiderkerk es una joya , la Nieuwe Kerk es conocida mundialmente desde que en ella se celebró la boda de cuento de hadas del príncipe heredero Willem-Alexander y Máxima Zorreguieta en febrero de 2002. Pero nuestra elección ha recaído conscientemente en la Oude Kerk, literalmente, la iglesia más vieja de Amsterdam que es desde el año 1300 el corazón de la ciudad y también en la Westerkerk de Hendrick de Keyser que marca la transición del monumental grachtengordel (los canales que forman un cinturón) al barrio del Jordaan, de más pequeña escala.

A lo largo de los siglos las instituciones religiosas no sólo se limitaron a fundar templos sino que, además,en el marco de la beneficiencia, se encargaron también de la vivienda. El Begijnhof se construyó para albergar mujeres solas y creyentes; Het Houten Huys (la Casa de Madera) es el único inmueble de madera que aún queda y que forma parte del beguinato desde el siglo XV. El Raepenhofje es un conjunto de pequeñas viviendas que se ponían gratuitamente a disposición de las mujeres ancianas protestantes.

Es obvio que estos tempranos ejemplos de viviendas sociales y de asistencia a ancianos contrastan con las lujosas casas en el extenso anillo de canales donde queda evidente la riqueza de la élite en los siglos XVII y XVIII. Una obra maestra de aquella época es la Huis Bartolotti (Casa Bartolotti), diseñada al igual que la Westerkerk por Hendrick de Keyser y construida cerca del lugar donde el majestuoso frontispicio del Herengracht, desde entonces, vería la serie de derribos efectuados para facilitar el tráfico, en la actual Raadhuisstraat. De un periodo posterior no se eligieron las famosísimas Casas Cromhout o la Casa Trippen de los hermanos Vingboons, sino que se optó por la menos fastuosa pero, gracias a su tamaño, distribución interior y jardín, singular casa del Keizersgracht, el actual Museum Van Loon.

El impresionante edificio neoclásico de la asociación para la ciencia y el arte Felix Meritis, que para poder construirlo fue preciso derribar dos viviendas, muestra que en el siglo XVIII era habitual que relevantes edificios culturales ocuparan un lugar prominente en la ciudad. Un siglo antes, cuando se construyó el nuevo ayuntamiento en el Dam, ya quedó claro que en aquellos tiempos no se retrocedía ante proyectos de gran envergadura. Esta obra maestra de Jacob van Campen, desde 1808 Koninklijk Paleis (Palacio Real), cuando se terminó de construir fue el edificio administrativo más grande de Europa.

Rijksmuseum Otro gran monumento de relevancia internacional, el Rijksmuseum de P.J.H. Cuypers, fue construido a finales del siglo XIX en el lugar donde en aquel momento estaba el confín de la ciudad. El nuevo alojamiento de las colecciones históricas más importantes de los Países Bajos fue diseñado como puerta para la nueva expansión urbanística. Por eso, el edificio, que en los próximos años será reformado, es actualmente la conexión entre el grachtengordel y el renovado Museumplein (1999) en torno al cual se encuentran el Concertgebouw, el Stedelijk Museum y el Van Gogh Museum (Rietveld **cum suis** y Kisho Kurokawa).

En lo arquitectónico, el Rijksmuseum fue el principio de un cambio espectacular. La neutralidad de Los Países Bajos durante la Primera Guerra Mundial, hizo posible que a principios del siglo XX se pudieran construir grandes edificios como el American Hotel de W. Kromhout o el Nederlandse Handelsmaatschappij de K.P.C. de Bazel. En lo estilístico, el Theater Tuschinski es único, pues fue levantado en el más puro estilo Art Deco. Sin embargo, sería otro edificio el que marcara el inicio de ese cambio en la arquitectura; La Beurs (Bolsa) de H.P. Berlage está considerada como el comienzo de esa renovación. Berlage ha dejado a Amsterdam otras obras maestras como el edificio del ANDB (Sindicato de Talladores de Diamantes), el actual Vakbondsmuseum (Museo de los Sindicatos). Sobre todo con el Beurs, él influyó tanto en los expresionistas de la Escuela de Amsterdam como en los arquitectos con un enfoque más racionalistas sobre el devenir de la Nueva Arquitectura.

El primer ejemplo íntegro de la Escuela de Amsterdam es la Scheep-vaarthuis de J.M. van der Mey, un auténtico conjunto de obras de arte con un nutrido programa de ornamentación iconográfico. No obstante, a lo largo de los años ha resaltado más la construcción de viviendas en ese estilo. Esto se debe al hecho de que en 1901 fue aprobada la Ley de la Vivienda que iba a ser de incalculable valor. Esto facilitó la construcción

de grandes proyectos urbanísticos como la Harmoniehof y el Betondorp.
La Escuela de Amsterdam alcanzó el apogeo con la P.L. Takstraat (de
P.L. Kramer) y el Spaarndammerbuurt. Allí Michel de Klerk construyó
Het Schip (El Barco) el símbolo ilustrado del movimiento. Un ejemplo
menos conocido de la escuela de Amstedam, pero, no menos interesante
para el desarrollo de Amsterdam, se encuentra al norte del IJ. En este
lugar, poco después de la Primera Guerra Mundial, se realizaron pueblos
jardín en zonas donde hasta ese momento sólo se habían instalado
industrias. El Tuindorp Nieuwendam plasma claramente con sus numero-
sos servicios comunes las ambiciones sociales de quien lo mandó construir y del arquitecto.

Plan Zuid En el mismo periodo de tiempo, también se amplió la zona
sur de la ciudad. Esto se llevó a cabo siguiendo el Plan Zuid de Berlage.
Los muchos arquitectos que participaron en este plan urbanístico eran
en su mayoría seguidores de la Escuela de Amsterdam, pero la arquitectura moderna también tuvo su espacio, como así lo atestiguan los edificios
de Brinkman & Van der Vlugt, M. Stam y J. Wils (Estadio Olímpico).
En el punto donde confluyen tres enormes carreteras está el Wolkenkrabber (Rascacielos) de J.F. Staal, un díscipulo de Berlage con ya
claras influencias de la Nueva Arquitectura. En otro lugar de la llamada
Amsterdam-Zuid, escondida en un solar interior, se encuentra la Openluchtschool (escuela al aire libre) que junto al sanatorio Zonnestraal
(en Hilversum) pueden ser considerados como los puntos culminantes
de la obra del gran maestro de la Nueva Arquitectura, J. Duiker, que
más tarde diseñaría el Cineac.

Duiker, que murió siendo joven, antes del comienzo de la Segunda
Guerra Mundial, fue uno de los grandes inspiradores del grupo de arquitectos críticos que finalizada la guerra, dieron un gran impulso a la nueva
arquitectura. Los miembros de este llamado grupo Forum, al que también
pertenecían J.B. Bakema, Aldo van Eyck y Herman Hertzberger, más que
sus antecesores, basaron su obra en teorías sociales y psicológicas. Van
Eyck construyó en Amsterdam, entre otras cosas, la Hubertushuis, pero
para entonces ya era reconocido mundialmente por su Burgerweeshuis
(asilo de huérfanos), prototipo de la arquitectura del grupo Forum.
Hertzberger se dio a conocer muy joven con su residencia de estudiantes
en la Weesperstraat y después construyó, entre otros cosas, el Montessori

College Oost y las dos escuelas Montessorischool/Willemsparkschool en el centro del Plan Zuid.

A principios de los años setenta, Van Eyck **cum suis**, con sus ideas sobre el lugar que ocupaba la arquitectura en una sociedad urbana, influyeron considerablemente en la forma de enfocar la renovación urbana, una operación que en el centro de la ciudad fue acompañada de demoliciones a gran escala para poder construir una línea de metro. Arquitectos como Theo Bosch y Paul de Ley se dedicaron a la reconstrucción de la actual ciudad. Desde 1970, la vivienda en el Singel 428 de Cahen & Girod fue para ellos un ejemplo instructivo de esmerada modernización.

Ampliaciones En el mismo periodo y a continuación de las Westelijke Tuinsteden y el Buitenveldert en el sur, también se realizaron grandes ensanchamientos urbanísticos como el Bijlmermeer (Amsterdam-Zuidoost). Esto se llevó a cabo siguiendo el principio de luz, aire y espacio que desde los años treinta defendía el urbanista C. van Eesteren. Pero pronto quedó patente que se iban a producir grandes cambios. Mientras que enormes proyectos como el palacio de congresos y exposiciones RAI y el Academisch Medisch Centrum (un hospital) sólo eran considerados como grandes objetos, el NMB (ING) Hoofdkantoor (la sede principal) de Alberts & Van Huut, basada en una convicción antroposófica, era vista como una forma de concentración. Esta utilización intensiva del suelo, una necesidad en la ordenación del territorio en Los Países Bajos, se convertiría paulatinamente en la pauta a seguir en todas las grandes operaciones urbanísticas.

En los últimos tiempos, a la vez que se moderniza el Bijlmer, se alzan en las cercanías de la estación Amsterdam-Amstel altas torres de oficinas y surge un nuevo y extenso subcentro en el núcleo del Zuidas, entre el Plan Zuid de Berlage y el Buitenveldert de Van Eesteren. Aquí se ha instalado ABN AMRO en un edificio de Pei Cobb Freed & Partners y está la sede del ING House de Meyer & Van Schooten. Un temprano ejemplo de la modernización en las Westelijke Tuinsteden es el complejo de viviendas con servicio de asistencia, Oklahoma de MVRDV, que se hizo rápidamente famoso. Y en el Oostelijk Havengebied (zona este del puerto), una nueva zona residencial compuesta en su mayoría por bajos edificios ha aumentado la densidad de viviendas por metro cuadrado debido a los colosales edificios de viviendas Piraeus (Kollhoff & Rapp) y The Whale (Frits van Dongen).

Lo que en verdad queda claro con estos dos edificios, es que no sólo concentración y expansión son compatibles en Amsterdam sino, sobre todo, el papel importe que el agua juega en ello. Por toda la ciudad se realizan nuevas construcciones y se están efectuando renovaciones, pero en ningún otro lugar es la modernización tan perceptible como en las antiguas cuencas del puerto. Sobre todo aquí, se pueden encontrar experimentos de gran envergadura, como por ejemplo el vivir en el agua, la construcción de nuevos tipos de casas de los canales y viviendas en las que el propietario determina su forma de construcción (ver Scheepstimmermanstraat en Borneo). En el Silodam hay una excepcional combinación de tres grandes edificios de viviendas. Sólo uno de ellos fue construido como tal, los otros dos son antiguos almacenes para grano que han experimentado una profunda transformación.

'Amsterdam, ciudad a orillas del agua. Amsterdam, ciudad a orillas del IJ. Quien se mete con Amsterdam, se mete conmigo'. Esto se cantaba antaño y aún se sigue oyendo hoy en día. La ciudad debe su belleza al Amstel y a sus canales y pudo progresar porque el IJ desde hace siglos es el puerto donde amarran los barcos que llegan cargados de riquezas procedentes de todos los rincones del mundo. Un amsterdamés de pura cepa nunca podrá acostumbrarse a la Centraal Station de Cuypers que, aún siendo bella, desde su construcción (1882 – 1889) apartó al centro de la ciudad del IJ.

A principios del siglo XXI se han construido y se construyen nuevos puentes que de nuevo vuelven a ser testigos de ese amor innato por el agua. El más grande de todos, el Enneüs Heermabrug de Nicholas Grimshaw & Partners, une la ciudad con el IJburg, un nuevo reino insular que expresa la dinámica de una ciudad en continua renovación.

Einleitung Maaike Behm, Maarten Kloos

Die Präsentation von 25 Höhepunkten der Amsterdamer Architektur ist eine heikle Sache. So klein die Stadt auch im Vergleich zu anderen 'Großstädten' der Welt ist, so komplex ist das architektonische Erbe, das in sieben Jahrhunderten entstanden ist. Es gibt die unbestrittenen Baudenk-

mäler mit ihren kulturellen Beziehungen und Verweisen, die großen historischen Bauten (Waag, Schreierstoren, Rembrandt-Haus), es gibt die
Traditionen: der Hafen und der soziale Wohnungsbau. Große Architekten
haben zur Schönheit der Stadt beigetragen, aber gerade in Amsterdam
sind weltberühmte Architekten (Rietveld, Koolhaas, Piano, Holl) auch
unter ihrem künstlerischen Niveau geblieben. Eine fast unmögliche
Entscheidung ist es, die 25 Bauten aus dem Gesamtbestand zu selektieren
und damit eine Auswahl der Architektur dieser Stadt vorzustellen.

Kirchenbauten Die Probleme bei der Auswahl fangen schon mit den
Kirchen an, für die Amsterdam berühmt ist. Die Zuiderkerk ist ein Juwel
und die Nieuwe Kerk ist seit der Märchenhochzeit von Kronprinz Willem-
Alexander und Máxima Zorreguieta im Februar 2002 weltberühmt. Wir
haben uns jedoch ganz bewusst für die Oude Kerk entschieden, in wahr-
sten Sinne des Wortes der älteste Kirchenbau, der seit 1300 das Herz der
Amsterdamer Innenstadt formt, und außerdem für Hendrick de Keysers
Westerkerk, die die Grenze des monumentalen Grachtengürtels zum viel
kleineren Jordaan-Viertel markiert.

Im Laufe der Jahrhunderte haben sich religiöse Institutionen jedoch
nicht nur auf die Errichtung von Gotteshäusern beschränkt. Sie sorgten
im Rahmen der Wohltätigkeit auch für Wohnraum. Der Begijnhof wurde
speziell für alleinstehende religiöse Frauen erbaut; Het Houten Huys
(das Holzhaus) ist das letzte übrig gebliebene Haus, das seit dem 15.
Jahrhundert dazu gehört. Das Raepenhofje ist eine Ansammlung kleiner
Wohnungen, die alten protestantischen Frauen gratis zur Verfügung
gestellt wurden.

Mit diesen frühen Beispielen des sozialen Wohnungsbaus und der
Seniorenfürsorge kontrastieren natürlich die prachtvollen Häuser am
Grachtengürtel, die den Reichtum der Elite im 17. und 18. Jahrhundert
widerspiegeln. Ein Meisterwerk aus dieser Zeit ist das Huis Bartolotti
(Bartolotti-Haus), das, ebenso wie die Westerkerk, von Hendrick de
Keyser entworfen und an dem Punkt erbaut wurde, wo später die majes-
tätische Fassadenwand der Herengracht von einer großen Verkehrsader,
der heutigen Raadhuisstraat, durchbrochen wurde. Aus der darauf-
folgenden Periode haben wir uns nicht die berühmten Cromhout-Häuser
oder das Trippenhaus der Gebrüder Vingboons ausgesucht, sondern ein
weniger prunkvolles, jedoch durch seine Größe, Einrichtung und seinen

Garten beeindruckendes Haus an der Keizersgracht, nämlich das heutige Museum Van Loon.

An dem imposanten neoklassizistischen Gebäude der Gesellschaft für Kunst und Wissenschaft, genannt Felix Meritis, für das man drei Grachtenhäuser abgerissen hatte, sieht man, dass es im 18. Jahrhundert nichts Außergewöhnliches war, wichtigen Gebäuden mit einer kulturellen Bestimmung einen zentralen Platz in der Stadt einzuräumen. Dass man zu jener Zeit keine großen Eingriffe fürchtete, war schon in dem Jahrhundert davor bewiesen worden, als auf dem Dam ein neues Rathaus erbaut wurde. Dieses Meisterwerk von Jacob van Campen, das seit 1808 als Koninklijk Paleis (Königlicher Palast) dient, war bei seiner Vollendung das größte administrative Gebäude Europas.

Rijksmuseum Ein anderes großes Monument von internationaler Bedeutung, das Rijksmuseum von P.J.H. Cuypers, wurde gegen Ende des 19. Jahrhunderts am damaligen Stadtrand errichtet. Die neue Unterkunft für die wichtigsten historischen Sammlungen der Niederlande wurde als Tor für eine neue Stadterweiterung entworfen. Dadurch stellt das Gebäude, das in den nächsten Jahren gründlich renoviert wird, in unserer Zeit die Verbindung zwischen dem Grachtengürtel und dem im Jahre 1999 neu eingerichteten Museumplein dar, an dem das Concertgebouw, das Stedelijk Museum und das Van Gogh Museum (Rietveld u.a. und Kisho Kurokawa) liegen.

Architektonisch gesehen bildete das Rijksmuseum den Auftakt zu spektakulären Veränderungen. Auch wegen der Neutralität der Niederlande im Ersten Weltkrieg konnten am Anfang des 20. Jahrhunderts große Gebäude entstehen, vom American Hotel von W. Kromhout bis zur Nederlandse Handelsmaatschappij von K.P.C. de Bazel. Das im Artdeco-Stil errichtete Theater Tuschinski ist stilistisch gesehen einzigartig. Für die Entwicklung der Architektur war jedoch ein anderes Gebäude wichtiger. Die Beurs (Börse) von H.P. Berlage wird zurecht als Durchbruch in der Architektur betrachtet. Berlage hat Amsterdam noch mehr Meisterwerke hinterlassen, darunter das Gebäude für den ANDB (die Gewerkschaft der Diamantarbeiter), das heutige Vakbondsmuseum (Gewerkschaftsmuseum). Vor allem mit der Börse hat er sowohl auf die Expressionisten der Amsterdamer Schule als auch auf die rationaler eingestellten Architekten des Neuen Bauens großen Einfluss ausgeübt.

Ein markantes Beispiel der Amsterdamer Schule ist das Scheepvaarthuis von J.M. van der Mey: ein wahres Gesamtkunstwerk mit verschwenderischem plastischen Dekor. Jedoch hat im Lauf der Jahre der Wohnungsbau in diesem Stil die meiste Aufmerksamkeit auf sich gezogen. Der Grund dafür ist das 1901 verabschiedete neue Wohnungsgesetz, das sich von unschätzbarem Wert erweisen sollte. Erst dadurch wurden große Wohnungsbauprojekte wie der Harmoniehof und Betondorp ermöglicht. Die Amsterdamer Schule erreichte ihre Höhepunkte in der P.L. Takstraat (von P.L. Kramer) und in der Spaarndammerbuurt. Dort erbaute Michel de Klerk Het Schip (Das Schiff), die hier dargestellte Ikone der Bewegung. Ein weniger bekanntes, für die Entwicklung von Amsterdam jedoch genauso interessantes Beispiel der Amsterdamer Schule, befindet sich nördlich des IJ. Hier wurden kurz nach dem Ersten Weltkrieg Siedlungen in einem Gebiet angelegt, das bis dahin eine rein industrielle Funktion hatte. Tuindorp Nieuwendam stellt mit seinen zahlreichen gemeinschaftlichen Einrichtungen überdeutlich die sozialen Ambitionen von Auftraggeber und Architekt zur Schau.

Plan Zuid Auch an der Südseite wurde die Stadt in jener Zeit erweitert. Dies geschah auf der Basis von Berlages Plan Zuid. Die zahlreichen Architekten, die an der Konzeption dieses städtebaulichen Plans mitarbeiteten, waren überwiegend Anhänger der Amsterdamer Schule, aber auch für das moderne Bauen war Platz, wie die Gebäude von Brinkman & Van der Vlugt, M. Stam und J. Wils (Olympisches Stadion) beweisen. An dem Punkt, wo drei große Verkehrsstraßen zusammenkommen, steht der Wolkenkrabber (Wolkenkratzer) von J.F. Staal, einem Schüler Berlages, der den Übergang zum Neuen Bauen verkörpert. An anderer Stelle in Amsterdam-Zuid liegt, auf einem Innenterrain versteckt, die Openluchtschool (Freiluftschule), die mit dem Sanatorium Zonnestraal (in Hilversum) zu den Höhepunkten im Schaffen von J. Duiker, dem Großmeister des Neuen Bauens und späteren Architekten des Cineac, zählt.

Duiker, der schon vor dem Zweiten Weltkrieg jung verstarb, war einer der großen Inspiratoren für eine Gruppe engagierter Architekten, die nach dem Krieg dem modernen Bauen neue Impulse gaben. Die Mitglieder der so genannten Forum-Gruppe, zu der J.B. Bakema, Aldo van Eyck und Herman Hertzberger gehörten, legten ihrem Werk – stärker als ihre Vorgänger – sozial-psychologische Theorien zugrunde. Van Eyck baute in Amsterdam unter anderem das Hubertushuis, war aber zu dem Zeitpunkt durch sein Burgerweeshuis (Waisenhaus), der Prototyp der Architektur der Forum-Gruppe, weltberühmt geworden. Hertzberger erlangte schon früh Bekanntheit durch sein Studentenwohnheim an der Weesperstraat und baute danach in Amsterdam unter anderem das Montessori College Oost sowie die Montessorischool/Willemsparkschool mitten im Plan Zuid.

Mit ihren Gedanken zur Rolle der Architektur in einer städtischen Gemeinschaft übten van Eyck und seine Kollegen großen Einfluss auf die Stadterneuerung zu Beginn der siebziger Jahre aus – eine Operation, die im Stadtzentrum mit dem großangelegten Abriss ganzer Häuserzeilen für den Bau einer U-Bahnlinie einherging. Architekten wie Theo Bosch und Paul de Ley widmeten sich ganz der Stadtsanierung. Ab 1970 bot ihnen das Wohnhaus an der Singel 428 von Cahen & Girod ein lehrreiches Beispiel für behutsame Modernisierung.

Vergrößerung der Dimension In derselben Periode wurde, als Fortsetzung der Westelijke Tuinsteden und Buitenveldert im Süden, auch eine großangelegte Stadterweiterung wie Bijlmermeer (Amsterdam-Zuidoost) nach dem Prinzip Licht, Luft und Raum verwirklicht, für das der Stadtplaner C. van Eesteren schon in den dreißiger Jahren plädiert hatte. Hier wurde jedoch schon bald deutlich, dass eine Veränderung im Gange war. Hatte man umfangreiche Bauvorhaben wie das Ausstellungs- und Kongresszentrum RAI und das Academisch Medisch Centrum (ein Krankenhaus) lediglich als große Objekte betrachtet, so wurde das auf anthroposophischen Prinzipien basierende NMB (ING) Hoofdkantoor (Zentrale) von Alberts & Van Huut auch als eine Form der Verdichtung empfunden. Und allmählich sollte diese Intensivierung der Bodennutzung – eine Notwendigkeit in der Raumordnung in den Niederlanden – bei allen großen städtischen Operationen zur Richtschnur werden.

In der letzten Zeit erheben sich gleichzeitig mit der Erneuerung des Bijlmer in der Nähe des Bahnhofs Amsterdam-Amstel hohe Bürohäuser und im Kerngebiet der Zuidas – zwischen Berlages Plan Zuid und van Eesterens Buitenveldert – entsteht ein ausgedehntes neues Sub-Zentrum. Hier hat die ABN AMRO Bank ein Gebäude von Pei, Cobb, Freed & Partners bezogen und hier steht auch die Zentrale der ING House von Meyer & Van Schooten. Ein frühes Beispiel der Erneuerung in den Westelijke Tuinsteden ist die schnell berühmt gewordene Seniorenresidenz Oklahoma von MVRDV. Im Oostelijk Havengebied, einem neuen Wohngebiet mit überwiegend Flachbau, hat sich mit den monumentalen Wohnblöcken Piraeus (Kollhoff & Rapp) und The Whale (Frits van Dongen) die Bebauungsdichte wesentlich erhöht.

Bei diesen beiden Bauten wird nicht nur deutlich, dass sich Verdichtung und Vergrößerung der Dimension nicht unbedingt ausschließen müssen, sondern vor allem, welche wichtige Rolle das Wasser dabei spielt. Überall in der Stadt wird neu gebaut und sind neue Bestimmungen zustande gekommen, aber nirgendwo ist die Erneuerung so spürbar wie im ehemaligen Hafenbecken. Vor allem hier sieht man gewagte Experimente, zum Beispiel das Wohnen auf dem Wasser, das Bauen neuer Typen von Grachtenhäusern und die Wünsche individueller Auftraggeber (siehe die Scheepstimmermanstraat auf Borneo). Auf dem Silodam steht eine bemerkenswerte Kombination von drei großen Wohngebäuden. Nur eines davon wurde als solches erbaut, bei den beiden anderen handelt es sich um ehemalige Getreidesilos, die sehr gründlich renoviert worden sind.

'Amsterdam, Stadt am Wasser, Amsterdam, Stadt am IJ. Wer Amsterdam berührt, der berührt auch mich ein bisschen', heißt es in einem alten Lied und das trifft noch immer zu. Die Stadt verdankt ihre Schönheit der Amstel und ihren Grachten und konnte sich entwickeln, weil das IJ seit Jahrhunderten der Heimathafen von Schiffen war, die Reichtümer aus der ganzen Welt mitgebracht haben. Ein echter Amsterdamer wird sich deshalb auch nie an Cuypers' Centraal Station gewöhnen können, der – so schön er auch ist – seit seiner Errichtung in den Jahren 1882-1889 die Innenstadt vom IJ trennt.

Anfang des 21. Jahrhunderts werden neue Brücken gebaut, die wiederum die angeborene Liebe zum Wasser zu bestätigen scheinen. Die größte von ihnen, die Enneüs Heermabrug von Nicholas Grimshaw & Partners, verbindet die Stadt mit dem Wohnviertel IJburg, einem neuen Inselreich, das von der Dynamik einer sich andauernd erneuernden Stadt Zeugnis ablegt.

Buildings/gebouwen

25

edificios/Gebäude

Oude Kerk 1300»
Oudekerksplein 23

Emanuel de Witte, ±1660

Centraal Station + ⚡10 min.

Open Mon-Sat 11-17 Sun 13-17

The Oude Kerk is the oldest parish church in Amsterdam. The earliest foundations were part of a narrow three-aisled church with a rectangular choir and the core of the existing tower. At the end of the 14th century, the choir was enlarged and the nave was replaced by three aisles of equal width and height, giving rise to a hall church. Later, many more elements (transepts, chapels and a tall clerestory) were added and the tower was clad and heightened. The houses built up against the church date from the 17th and 18th centuries. Catholic features from before the Reformation (1578) are the choir stalls (1480-90) and the stained-glass windows in the Lady Chapel (1550).

Centraal Station + ⚘10 min.

Abierto 11-17 lu-sá, 13-17 do

De Oude Kerk es la más antigua iglesia parroquial de Amsterdam. Los antiguos cimientos pertenecían a una iglesia estrecha de tres naves con un coro rectangular y al núcleo de la actual torre. A finales del siglo XIV se amplió el coro y se sustituyó la nave central por tres naves de la misma anchura y altura, por lo que se creó una iglesia de planta de salón. Después siguieron muchas ampliaciones (cruceros, capillas y una nave principal alta) y la torre se revistió y elevó. Las casas adosadas a la iglesia datan de los siglos XVII y XVIII. Algunos vestigios católicos anteriores a la Reforma (1578) son la sillería del coro (1480-1490) y las vidrieras en la capilla de Nuestra Señora (1550).

Centraal Station + ⚘10 min.

Geöffnet Mo.-Sa. 11-17 So. 13-17

Die Oude Kerk ist die älteste Pfarrkirche Amsterdams. Die frühesten Fundamente gehörten zu einer schmalen dreischiffigen Kirche mit einem rechteckigen Chor und dem Kern des heutigen Turms. Ende des 14. Jahrhunderts wurde der Chor vergrößert und das Schiff durch drei gleich breite und gleich hohe Schiffe ersetzt, wodurch eine Hallenkirche entstand. Danach folgten noch viele Erweiterungen (Transepte, Kapellen und ein hoher Lichtgaden) und der Turm wurde verkleidet und erhöht. Die kleinen Häuser vor der Kirche stammen aus dem 17. und 18. Jahrhundert. Das Chorgestühl (1480-90) und die Bleiglasfenster in der Marienkapelle (1550) sind katholische Überbleibsel, die aus der Zeit vor der Reformation (1578) stammen.

Centraal Station + ⚘10 min.

Open ma-za 11-17 zo 13-17

De Oude Kerk is de oudste parochiekerk van Amsterdam. De vroegste fundamenten behoorden toe aan een smalle driebeukige kerk met een rechthoekig koor en de kern van de huidige toren. Eind 14e eeuw werd het koor verruimd en werd het schip vervangen door drie even brede en even hoge beuken, waardoor een hallenkerk ontstond. Daarna volgden nog vele uitbreidingen (transepten, kapellen en een hoge lichtbeuk) en werd de toren bekleed en verhoogd. De huisjes die tegen de kerk aan zijn gebouwd dateren uit de 17e en 18e eeuw. Katholieke overblijfselen van voor de Reformatie (1578) zijn de koorbanken (1480-90) en de glas-in-lood-ramen in de Mariakapel (1550).

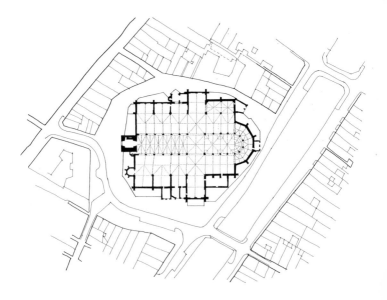

2   Het Houten Huys ±1425
Begijnhof 34

Centraal Station + 🚶15 min.

🚊 1, 2, 4, 5, 9, 16, 20, 24, 25 Spui

Amsterdam once had many wooden houses but only a few have been pre-served. One such house can be found in the 14th-century Begijnhof, which was built as a religious community for single women. Some of the houses here have load-bearing stone walls and a mediaeval timber frame, iden-tifiable by the Gothic detailing. Begijnhof 34 is unusual in that the stone side walls, which were obligatory following a major fire in the city in 1552, are hung on the timber frame. In 1669, timber construction was banned outright, but the wooden façade (which was expensive in those days) of Het Houten Huys (the wooden house) was renovated in 1888.

Centraal Station + ⊀ 15 min.

🚋 1, 2, 4, 5, 9, 16, 20, 25 Spui

De las muchas casas de madera que tuvo Amsterdam en otros tiempos,
hoy sólo quedan algunas. Una de ellas se encuentra en el Begijnhof del
siglo XIV y fue construida como residencia para una comunidad religiosa
de mujeres solas. Varias de estas casas tienen aquí paredes maestras
de piedra y una estructura de madera medieval que se reconoce por
los detalles góticos. Lo característico del Begijnhof, 34 es que en esta
casa las fachadas laterales de piedra, obligatorias desde el gran incendio
que tuvo la ciudad en 1552, cuelgan de la estructura de madera. En
1669 se prohibió totalmente construir en madera, sin embargo, en
1888 se renovó el ya exixtente costoso frontispicio de madera de Het
Houten Huys.

Centraal Station + ⊀ 15 min.

🚋 1, 2, 4, 5, 9, 16, 20, 24, 25 Spui

Von den vielen Holzhäusern, die einmal in Amsterdam standen, sind nur
noch wenige erhalten geblieben. Eins davon steht im Begijnhof, der im 14.
Jahrhundert als religiöse Wohngemeinschaft für alleinstehende Frauen
gegründet wurde. Verschiedene Häuser haben tragende Steinmauern und
ein mittelalterliches Holzskelett, das an den gotischen Details erkennbar
ist. Das Haus Begijnhof 34 ist eine Besonderheit, da seine steinernen
Seitenfassaden, die nach dem großen Stadtbrand von 1552 vorgeschrie-
ben waren, am Holzskelett aufgehängt wurden. 1669 wurde der Holzbau
ganz verboten, die kostbare historische Holzfassade des Houten Huys
(Holzhaus) jedoch im Jahre 1888 erneuert.

Centraal Station + ⊀ 15 min.

🚋 1, 2, 4, 5, 9, 16, 20, 24, 25 Spui

Van de vele houten huizen die Amsterdam ooit rijk was, zijn er nog maar
een paar over. Eén is er te vinden in het 14e-eeuwse Begijnhof, gebouwd
als religieuze woongemeenschap voor alleenstaande vrouwen. Diverse van
de huizen hier hebben dragende stenen muren en een Middeleeuws houtskelet, herkenbaar aan de gotische detaillering. Bijzonder aan Begijnhof
34 is dat in dit huis de stenen zijgevels, die verplicht waren na een grote
stadsbrand in 1552, opgehangen zijn aan het houtskelet. In 1669 werd
houtbouw volledig verboden, maar de voor die tijd kostbare houten voor-
gevel van Het Houten Huys werd in 1888 vernieuwd.

Het Houten Huys

34

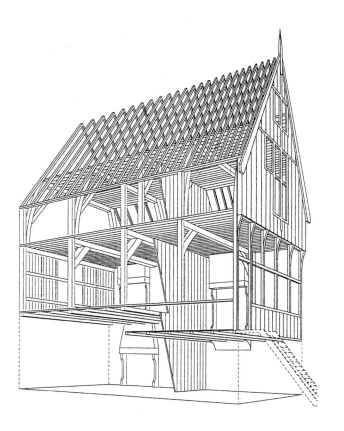

🚋 1, 2, 5, 13, 17, 20 Dam + 🚶10 min.
Open via Theatermuseum, Herengracht 168: Tues-Fri 11-17
Sat-Sun 13-17

The wide Huis Bartolotti (Bartolotti House) stands on a bend in Herengracht and with the two angles in its façade it was built to follow the
curve of the canal. The stepped gable is executed in brick with white stone
accents and is decorated with balustrades, pilasters, colonnettes and
broken, curved pediments in the Dutch Mannerist style, or Dutch
Renaissance as it is also called. The house was split in two in 1698. The
building was restored in 1971 and the façade – with the exception of
the right-hand door – was returned to its original state. In the interior,
alterations and decorations carried out in various periods can be
identified.

🚋 1, 2, 5, 13, 17, 20 Dam + 🚶10 min.

Abierto cuarto delantero y trasero vía el Theatermuseum,
Herengracht 168: 11-17 ma-vi; 13-17 sá-do

La ancha Huis Bartolotti (casa Bartolotti) está ubicada en una curva del
Herengracht. Se construyó en linea con la curva por medio de una fachada quebrada. El frontispicio escalonado ha sido realizado en ladrillo con
detalles en piedra de sillería blanca y decorado con balaustres, pilastras,
columnas y frontones quebrados y curvados al estilo del Manierismo
holandés, también conocido como el Renacimiento holandés. La casa se
dividió en dos en 1698. En la restauración de 1971, se le devolvió a la
fachada, a excepción de la puerta de la derecha, su estado original. En su
interior se pueden ver reformas y decoraciones de diferentes periodos.

🚋 1, 2, 5, 13, 17, 20 Dam + 🚶10 min.

Geöffnet über das Theatermuseum, Herengracht 168: Di.-Fr. 11-17
Sa. + So. 13-17

Das breite Huis Bartolotti (Bartolotti-Haus) steht in einer Biegung der
Herengracht und folgt dieser Biegung durch zwei Knicks in der Fassade.
Der Treppengiebel wurde in Backstein mit weißen Natursteinakzenten
ausgeführt und reich verziert mit Balustraden, Pilastern, Säulen und
gebrochenen, gewölbten Frontons im Stil des holländischen Manierismus,
den man auch holländische Renaissance nennt. Das Haus wurde 1698 in
zwei Hälften geteilt. Bei einer Restaurierung im Jahre 1971 wurde die
Fassade – mit Ausnahme der rechten Tür – wieder in den ursprünglichen
Zustand versetzt. Innen sind Umbauten und Dekorationen aus diversen
Perioden zu erkennen.

🚋 1, 2, 5, 13, 17, 20 Dam + 🚶10 min.

Open via Theatermuseum, Herengracht 168: di-vr 11-17
za-zo 13-17

Het brede Huis Bartolotti staat in een bocht van de Herengracht en is
door twee knikken in de gevel met de bocht mee gebouwd. De trapgevel
is uitgevoerd in baksteen met witte natuurstenen accenten en gedeco-
reerd met balustrades, pilasters, zuiltjes en gebroken, gebogen frontons
in de stijl van het Hollands Maniërisme, ook wel Hollandse Renaissance
genoemd. Het huis is in 1698 in tweeën gesplitst. Bij een restauratie
in 1971 is de gevel – met uitzondering van de rechter deur – weer in
de oorspronkelijke staat teruggebracht. Binnen zijn verbouwingen en
decoraties uit diverse perioden te herkennen.

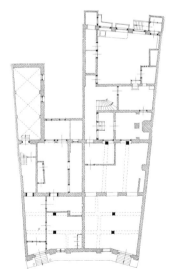

4 Westerkerk Hendrick de Keyser 1631
Prinsengracht 279

 13, 14, 17, 20 Westermarkt

Open Apr-Sept Mon-Fri 11-15 Sunday service 10.30

In 1631, Westerkerk was the biggest Protestant church in the world. The 85-metre-high tower also served as a lookout post. It is a basilica in the Dutch Renaissance style with a regular ground plan, double transepts, tall gable ends, buttresses and wooden barrel vaults. Because of the height of the nave and the abundance of light entering the building, the taut, geometric interior makes a regal impression, which contrasts with the Calvinistic restraint of the detailing. The church has a major symbolic significance and features in a great many songs about De Jordaan, the neighbourhood above which it towers. Indeed, it is still the icon of De Jordaan.

🚋 13, 14, 17, 20 Westermarkt

Abierto abr-sep: 11-15 lu-vi misa dominical 10.30

La Westerkerk era en 1631 la iglesia protestante más grande del mundo.
El campanario con sus 85 metros también era utilizado como atalaya.
Es una basílica de estilo renacentista holandés con una planta uniforme,
cruceros dobles, aguilones altos, contrafuertes y arcos de medio punto de
madera. La altura de la nave central y la gran cantidad de luz que penetra
por los ventanales hacen que el sobrio y geométrico interior parezca más
amplio y que contraste con la austeridad calvinista de los detalles. La
iglesia tiene un gran sentido simbólico y ha sido elogiada en numerosas
canciones sobre el barrio del Jordaan donde está ubicada y en el que aún
hoy en día sigue siendo su emblema.

🚋 13, 14, 17, 20 Westermarkt

Geöffnet April-Sep. Mo.-Fr. 11-15 Sonntagsgottesdienst 10.30

Die Westerkerk war 1631 die größte protestantische Kirche der Welt.
Der 85 m hohe Turm diente gleichzeitig als Beobachtungsposten. Es
handelt sich um eine Basilika im holländischen Renaissancestil mit
einem regelmäßigen Grundriss, doppelten Transepten, hohen Dach-
giebeln, Strebepfeilern und hölzernen Tonnengewölben. Durch die Höhe
des Mittelschiffs und den starken Lichteinfall macht das strenge, geometrische Innere einen großzügigen Eindruck, der mit der calvinistischen
Einfachheit der Details kontrastiert. Die Kirche hat große symbolische
Bedeutung und wird in zahlreichen Liedern über den Stadtteil Jordaan,
der zu ihren Füßen liegt und dessen Wahrzeichen sie noch immer ist,
besungen.

🚋 13, 14, 17, 20 Westermarkt

Open apr-sept ma-vr 11-15 zondagdienst 10.30

De Westerkerk was in 1631 de grootste Protestantse kerk ter wereld. De
85 meter hoge toren diende tevens als uitkijkpost. Het is een basiliek in
Hollandse Renaissance-stijl met een regelmatige plattegrond, dubbele
transepten, hoge topgevels, steunberen en houten tongewelven. Door de
hoogte van het middenschip en de grote hoeveelheid licht die naar binnen
valt maakt het strakke, geometrische interieur een royale indruk die
contrasteert met de Calvinistische soberheid van de detaillering. De kerk
heeft een grote symbolische betekenis en is veel bezongen in liederen over
de aan zijn voeten liggende wijk De Jordaan, waarvan hij nog altijd het
icoon is.

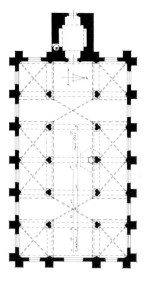

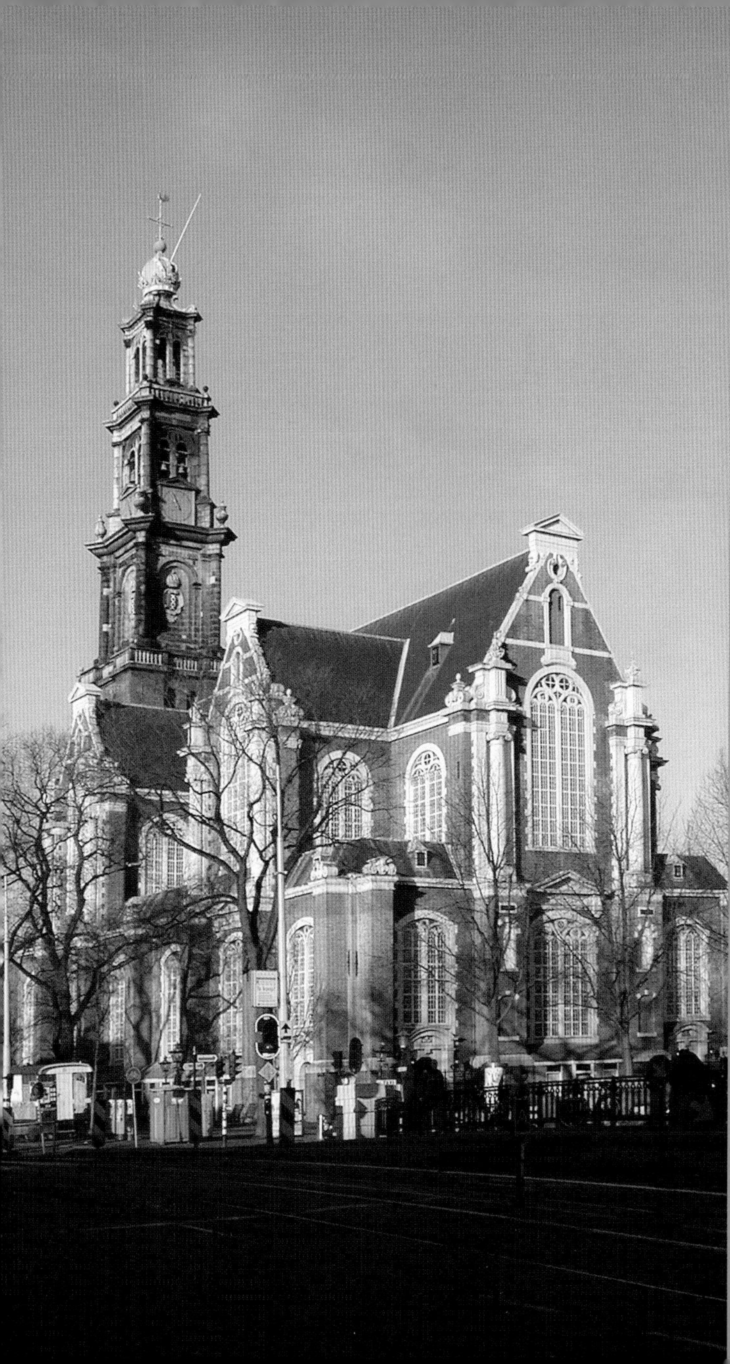

Centraal Station + 🚶 5 min. 🚃 1, 2, 4, 5, 9, 13, 16, 20, 24, 25 Dam
Irregular opening hours, info +31 20 6204060

In the middle of the Golden Age, a town hall in the Dutch Classicist style
was built in Amsterdam. It was constructed on a legendary number of
wooden piles (13,659) and has two inner courtyards, in between which,
in the main axis, is the imposing Citizens' Hall. As is the case in the
pediments above the projecting middle sections, the Burgerzaal contains
symbols of peace and virtue and of Amsterdam as the centre of world
trade. Characteristic of the bourgeois culture of those days, is the absence
of a monumental entrance. On the Dam side is the Vierschaar where
death sentences were pronounced. In 1808, King Louis Napoleon con-
verted the town hall into a palace.

Centraal Station + ☫5 min. 🚃 1, 2, 4, 5, 9, 13, 16, 20, 24, 25 Dam
Horario variable, inf. +31 20 6204060

A mediados del Siglo de Oro se construyó en Amsterdam un ayuntamiento en el estilo del Clasicismo holandés. El palacio edificado sobre
13.659 pilotes de madera tiene dos patios interiores y entre estos, en el
eje principal, se encuentra la impresionante Sala de los Ciudadanos. En
esta sala, lo mismo que en los frontones que hay encima de las salientes
partes centrales, se pueden ver los símbolos de la libertad y la virtud y
de Amsterdam como centro mundial del comercio. La ausencia de una
entrada monumental es característico de la cultura burguesa que domi-
naba en aquellos tiempos. En la parte que da al Dam se encuentra la sala
del Tribunal (Vierschaar) donde se dictaban las sentencias de muerte. En
1808 el rey Luis Napoleon convirtió el ayuntamiento en palacio.

Centraal Station + ☫5 min. 🚃 1, 2, 4, 5, 9, 13, 16, 20, 24, 25 Dam
Unregelmäßige Öffnungszeiten, Info +31 20 6204060

Mitten im Goldenen Zeitalter erhielt Amsterdam ein Rathaus im Stil
des holländischen Klassizismus. Es steht auf 13.659 Holzpfählen und
hat zwei Innenhöfe, in deren Mitte, auf der Hauptachse, der imposante
Bürgersaal liegt. In diesem Saal sind, wie auf den Frontons über den
vorspringenden Mittelrisaliten, die Symbole des Friedens und der
Tugendhaftigkeit zusehen und ebenso Symbole von Amsterdam als
Mittelpunkt des Welthandels. Charakteristisch für die bürgerliche Kultur
in jenen Tagen ist die Aussparung einer monumentalen Eingangspartie.
Im Jahre 1808 wandelte König Louis Napoleon das Rathaus in einen
Palast um.

Centraal Station + ☫5 min. 🚃 1, 2, 4, 5, 9, 13, 16, 20, 24, 25 Dam
Onregelmatig open, info +31 20 6204060

Midden in de Gouden Eeuw kreeg Amsterdam een stadhuis in de stijl van
het Hollands Classicisme. Het werd gefundeerd op een legendarisch aantal (13.659) houten palen en heeft twee binnenplaatsen, met daartussen,
op de hoofdas, de imposante Burgerzaal. In deze zaal zijn, net zoals in de
frontons boven de vooruitspringende middenpartijen, symbolen te zien
van vrede en deugdzaamheid, en van Amsterdam als middelpunt van de
wereldhandel. Kenmerkend voor de burgerlijke cultuur in die dagen is het
ontbreken van een monumentale ingangspartij. Aan de Damzijde bevindt
zich de Vierschaar waar ooit doodvonnissen werden uitgesproken. In
1808 veranderde koning Lodewijk Napoleon het stadhuis in een paleis.

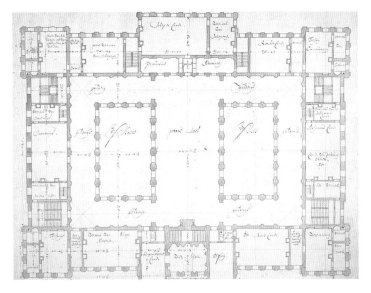

18, 22 Buiten Oranjestraat

Open during the day

From the 17th century until the end of the 19th century, small dwellings for poor women, most of whom were elderly, were built around closed courtyards. These 'hofjes' (almshouses) were usually realized on cheap land and the residents did not pay rent. Of the 47 hofjes preserved in Amsterdam, Raepenhofje (founded by P.A. Raep) is one of the most interesting. This Protestant hofje, situated in De Jordaan, which was originally a working-class area, consists of a low building containing the entrance gateway and a simple row of dwellings. What is now the garden used to be a bleaching field. A hedge separates Raepenhofje from the adjacent Bosschehofje, which also dates from 1648.

🚊 18, 22 Buiten Oranjestraat
Abierto de día

Durante los siglos XVII y XIX se construyeron, en torno a un patio interior, pequeñas viviendas para ancianas con pocos recursos. Estos 'hofjes', por lo general, se edificaban sobre terrenos baratos y las inquilinas no tenían que pagar alquiler. De los 47 hofjes que aún quedan en Amsterdam, el de Raepenhofje (fundado por P.A. Raep) es uno de los más interesantes. Este hofje protestante, situado en lo que originariamente era el barrio popular del Jordaan, está formado por un edificio bajo donde se encuentra la puerta de acceso y una hilera de casitas sencillas. Donde ahora está el jardín, en el pasado se blanqueaba el lienzo. Un seto separa el Reapenhofje del Bosschehofje que data igualmente de 1648.

🚊 18, 22 Buiten Oranjestraat
Geöffnet am Tage

Für arme, hauptsächlich alte Frauen wurden vom 17. bis 19. Jahrhundert kleine Wohnungen rund um geschlossene Innenhöfe gebaut. Diese 'Hofjes' (Wohnhöfe) lagen in der Regel auf billigen Grundstücken und die Bewohnerinnen brauchten keine Miete zu bezahlen. Von den 47 Amsterdamer Hofjes, die erhalten geblieben sind, ist das Raepenhofje (gegründet von P.A. Raep) eines der interessantesten. Dieses im Jordaan, einem früheren Arbeiterviertel, gelegene protestantische Hofje, besteht aus einem niedrigen Gebäude, in dem sich das Eingangstor befindet, und einer schlichten Reihe kleiner Häuser. Was heute der Garten ist, war früher eine Bleiche. Eine Hecke trennt das Raepenhofje von dem benachbarten Bosschehofje, das ebenfalls von 1648 stammt.

🚊 18, 22 Buiten Oranjestraat
Open overdag

Voor arme, veelal oude vrouwen werden in de 17e tot en met de 19e eeuw kleine woningen gebouwd rond besloten hoven. Deze hofjes werden doorgaans gerealiseerd op goedkope grond en de bewoonsters hoefden geen huur te betalen. Van de 47 Amsterdamse hofjes die bewaard zijn gebleven is het Raepenhofje (gesticht door P.A. Raep) een van de interessantste. Dit protestantse hofje, gelegen in wat van oorsprong de volkswijk De Jordaan is, bestaat uit een laag gebouw waarin zich de toegangspoort bevindt en een sober rijtje huisjes. Wat nu de tuin is, was vroeger een bleekveld. Een heg scheidt het Raepenhofje van het ernaast gelegen Bosschehofje, dat eveneens uit 1648 dateert.

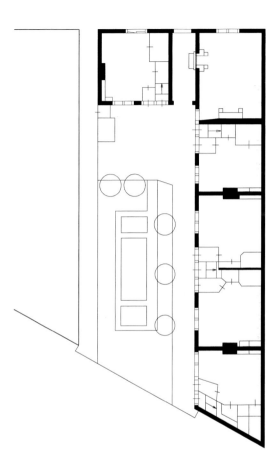

Ground floor/planta baja/Erdgeschoß/begane grond

Museum Van Loon Adriaan Dortsman 1672
Keizersgracht 672

🚊 16, 24, 25 Keizersgracht
Open (Museum) Fri-Mon 11-17

The austere, square façades of the two identical canal houses at Keizersgracht 672-674 display the characteristics of the then prevailing 'Strakke
Stijl' ('austere style'). Both buildings have decorations round the entrance
and statues on the roof represent Mars, Vulcan, Ceres and Minerva. The
façades are still authentic but a new building has been built behind the
façade of number 674. From 1884 onwards, the Van Loon family lived
at number 672. The museum, which was set up in 1974, with its Baroque
garden and many portraits of this family, is named after them. In the
interior, which dates from 1752, the most striking features are the
kitchen, the central staircase and the period rooms.

16, 24, 25 Keizersgracht
Abierto (Museo) 11-17 vi-lu

La sobriedad de las fachadas cuadradas de los dos idénticos palacetes urbanos en el Keizergracht, 672-674 muestran las características del 'estilo austero' que era frecuente en aquel periodo. Ambos edificios tienen ornamentos alrededor de la entrada y en los tejados hay estatuas de Marte, Vulcano, Ceres y Minerva. Las fachadas son aún las originales pero detrás de la del Keizersgracht, 674 en el pasado se levantó un nuevo edificio. En el n° 672 vivió desde 1884 la familia Van Loon que aparece frecuentemente retratada en las pinturas y que da nombre desde 1974 al museo con su jardín barroco. En el interior, que data de 1752, destacan la cocina, la caja de la escalera y las habitaciones de diferentes estilos.

16, 24, 25 Keizersgracht
Geöffnet (Museum) Fr.-Mo. 11-17

Die schlichten quadratischen Fassaden der beiden identischen Grachten-häuser auf der Keizersgracht 672-674 weisen die Kennzeichen des zu jener Zeit gängigen 'Strengen Stils' auf. Beide Häuser haben Verzierungen rund um den Eingang und auf dem Dach stehen Skulpturen von Mars, Vulkan, Ceres und Minerva. Die Fassaden sind noch authentisch, aber hinter der von Keizersgracht 674 wurde in der Vergangenheit ein neues Haus errichtet. Nummer 672 bewohnte seit 1884 die Familie van Loon, die häufig auf Gemälden porträtiert worden ist und nach der das seit 1974 bestehende Museum mit seinem Barockgarten benannt wurde. Bei dem aus dem Jahre 1752 stammenden Interieur fallen vor allem die Küche, das zentrale Treppenhaus und die Stilzimmer auf.

16, 24, 25 Keizersgracht
Open (Museum) vr-ma 11-17

De sobere, vierkante gevels van de twee identieke grachtenpanden op Keizersgracht 672-674 vertonen de kenmerken van de destijds gangbare 'Strakke Stijl'. Beide panden hebben versieringen rond de ingang en beelden op het dak stellen Mars, Vulcanus, Ceres en Minerva voor. De gevels zijn nog authentiek maar achter die van Keizersgracht 674 is in het verleden een nieuw pand opgetrokken. Op nummer 672 woonde vanaf 1884 de familie Van Loon die veelvuldig op schilderingen is geportret-teerd en naar wie het sinds 1974 bestaande museum met zijn barokke tuin is genoemd. In het uit 1752 daterende interieur vallen vooral de keuken, het centrale trappenhuis en de stijlkamers op.

1, 2, 5 Spui

Open for activities +31 20 6231311

The building of the former society 'Felix Meritis' (happy through merit),
which was set up with the aim of promoting the arts and sciences, is a
typical monument of the Enlightenment. The classical temple front with
its colossal Corinthian pilasters and pediment is characteristic of the
neoclassical style. The society's departments – the visual arts and architecture, literature, trade, natural sciences and music – are symbolized
in five sculpted reliefs. In the interior, original 18th-century features
are the central staircase, the oval concert hall, which is renowned for
its acoustics, and the domed roof, beneath which there used to be an
observatory.

1, 2, 5 Spui

Abierto para actividades +31 20 6231311

El edificio de la antigua asociación 'Felix Meritis' (Feliz por el mérito)
es un monumento característico de la Ilustración. Esta institución
promovía las artes y las ciencias. La fachada de templo clásico con
sus enormes medias columnas corintias y frontón es propia del estilo
neoclásico. Los departamentos de la asociación han sido simbolizados
en cinco relieves esculpidos (las bellas artes y la arquitectura, la litera-
tura, el comercio, la ciencia y la música). Del interior original del siglo
XVIII, dan fe la caja de la escalera, la sala de conciertos oval, famosa
por su acústica y la cúpula, bajo la cual, en otros tiempos, hubo un
observatorio.

1, 2, 5 Spui

Geöffnet während der Veranstaltungen +31 20 6231311

Das Gebäude der ehemaligen Gesellschaft 'Felix Meritis' (glücklich
durch Verdienste) ist ein typisches Monument der Aufklärung. Es diente
der Förderung der Künste und der Wissenschaften. Die klassische
Tempelfront mit ihren kolossalen korinthischen Halbsäulen und dem
Fronton ist charakteristisch für den Stil des Neoklassizismus. Die fünf
herausgearbeiteten Reliefs symbolisieren die Aufgabengebiete der
Gesellschaft – die bildenden Künste und die Baukunst, die Literatur,
den Handel, die Naturwissenschaften und die Musik. Von dem ursprünglichen Interieur aus dem 18. Jahrhundert zeugen das zentrale Treppenhaus, der wegen seiner Akustik berühmte ovale Konzertsaal und das
Kuppeldach, unter dem sich früher ein Observatorium befand.

1, 2, 5 Spui

Open voor activiteiten +31 20 6231311

Het gebouw van het voormalige genootschap 'Felix Meritis' (gelukkig
door verdiensten) is een typisch monument van de Verlichting. Het
diende ter bevordering van de kunsten en de wetenschappen. Het klassieke
tempelfront met zijn kolossale Corinthische halfzuilen en fronton is
kenmerkend voor de stijl van het neoclassicisme. In vijf gebeeldhouwde
reliëfs zijn de departementen van het genootschap gesymboliseerd
– de beeldende kunsten en de bouwkunst, de letterkunde, de handel,
de natuurwetenschappen en de muziek. Van het oorspronkelijke 18e-
eeuwse interieur getuigen het centrale trappenhuis, de om zijn akoestiek
beroemde ovale concertzaal en het koepeldak, waaronder ooit een
observatorium huisde.

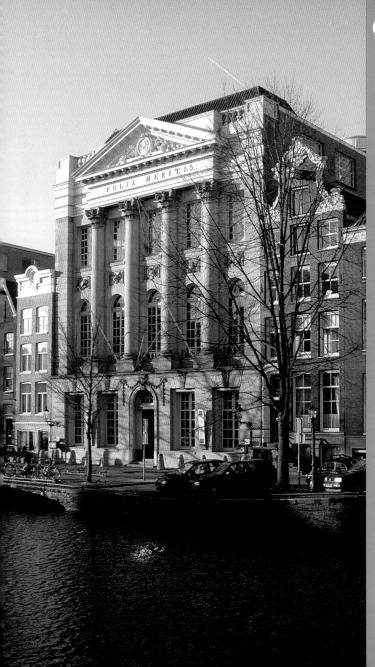

2, 5 Hobbemastraat ▦ 6, 7, 10 Spiegelgracht
Open Mon-Sun 10-17

During the preparations for the competition for a new national museum,
the organizers had initially wanted to recall the Golden Age. However,
the Catholic architect Cuypers won the competition with a Dutch
Renaissance design based on neo-Gothic structures. The building, which
was originally symmetrical, has been rebuilt and extended many times.
Additions include the director's residence (1885), a library (1885), a
school for art education (1892), the Night Watch Room (1906) and the
Drucker building (1915) for 19th-century art. The extensive iconographic
programme illustrates the history of Dutch art.

🚋 2, 5 Hobbemastraat 🚋 6, 7, 10 Spiegelgracht
Abierto 10-17 lu-do

Durante los preparativos del concurso para el proyecto de un nuevo museo nacional, los organizadores deseaban evocar el Siglo de Oro. Sin embargo, el arquitecto católico Cuypers ganó el concurso con un proyecto renancentista holandés a base de estructuras neogóticas. El edificio que en un principio era simétrico ha sido en numerosas ocasiones reformado y ampliado. Entre otras cosas se le han añadido: una residencia para el director (1892), una biblioteca (1885), una escuela para la enseñanza del dibujo (1892), la Nachtwachtzaal (la sala de la Ronda de Noche, 1906) y el edificio Drucker (1915) para el arte del siglo XIX. El amplio programa iconográfico ilustra la historia del arte holandés.

🚋 2, 5 Hobbemastraat 🚋 6, 7, 10 Spiegelgracht
Geöffnet Mo.-So. 10-17

Bei den Vorbereitungen des Wettbewerbs für ein neues Nationalmuseum wollten die Organisatoren anfangs das Goldene Zeitalter ins Gedächtnis rufen. Der katholische Baumeister Cuypers gewann den Wettbewerb jedoch mit einem holländischen Renaissance-Entwurf auf der Basis von neugotischen Strukturen. Das ursprünglich symmetrische Gebäude ist oft umgebaut und erweitert worden. Unter anderem wurden eine Direktorenwohnung (1885), eine Bibliothek (1885), eine Schule für Zeichenunterricht (1892), der Saal der Nachtwache (1906) und das Drucker-Gebäude (1915) für die Kunst des 19. Jahrhunderts hinzugefügt. Das umfangreiche ikonographische Programm illustriert die Geschichte der niederländischen Kunst.

🚋 2, 5 Hobbemastraat 🚋 6, 7, 10 Spiegelgracht
Open ma-zo 10-17

Bij de voorbereidingen van de prijsvraag voor een nieuw nationaal museum, wilden de organisatoren aanvankelijk de Gouden Eeuw in her-innering roepen. De katholieke bouwmeester Cuypers won de prijsvraag echter met een Hollands renaissancistisch ontwerp op basis van neo-gotische structuren. Het van oorsprong symmetrische gebouw is vele keren verbouwd en uitgebreid. Toegevoegd werden onder meer een directeurswoning (1885), een bibliotheek (1885), een school voor tekenonderwijs (1892), de Nachtwachtzaal (1906) en het Drucker-gebouw (1915) voor de 19e-eeuwse kunst. Het uitgebreide iconografisch programma illustreert de geschiedenis van de Nederlandse kunst.

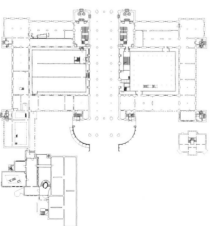

Beurs H.P. Berlage 1903
Damrak 243

Centraal Station + 🚶5 min.
Open for exhibitions Tues-Sun 11-17

With its sober, brick façades, its restrained ornamentation and its truly visible iron roof, the Beurs (stock exchange) marks the beginning of modern architecture in the Netherlands. Because of the collaboration with poets, sculptors and painters, it is a **Gesamtkunstwerk.** The tower betrays Berlage's admiration for late mediaeval Italy and with his view that the exchange was a public building, he refers to early Italian architecture. It is remarkable how Berlage has expressed the individual character of each side of the building in the façade. The exchange's three halls were given a cultural function in the restoration of 1990.

Centraal Station + 🚶5 min.

Abierto para exposiciones 11-17 ma-do

La Beurs (Bolsa) marca con su austera fachada de ladrillos, sus sencillas ornamentaciones y su visible e intacta techumbre de hierro, el comienzo de la arquitectura moderna en los Países Bajos. Gracias a la cooperación de poetas, escultores y pintores, esto se convirtió en un conjunto de obras de arte. La torre delata la admiración que siente Berlage por la baja Edad Media de Italia y también cuando opina que la Bolsa es un edificio público, él hace referencia a la arquitectura italiana temprana. Es extraordinario ver como Berlage lo ha expresado en la fachada, pues, cada lado lateral del edificio tiene un carácter singular. Desde la restauración en 1990, las tres salas de la bolsa se utilizan para actos culturales.

Centraal Station + 🚶5 min.

Geöffnet bei Ausstellungen Di.-So. 11-17

Die Beurs (Börse) markiert mit ihren schlichten Backsteinfassaden, ihrer verhaltenen Ornamentik und ihrer ehrlichen, sichtbaren Überdachung aus Eisen den Beginn der modernen Architektur in den Niederlanden. Durch die Zusammenarbeit mit Dichtern, Bildhauern und Malern ist es ein Gesamtkunstwerk geworden. Der Turm verrät Berlages Bewunderung für das spätmittelalterliche Italien. Auch durch seine Auffassung, dass die Börse ein öffentliches Gebäude ist, verweist er auf die frühe italienische Architektur. Bemerkenswert ist, wie Berlage durch die Fassade zum Ausdruck gebracht hat, dass jede Seite des Gebäudes ihren eigenen Charakter hat. Seit der Restaurierung von 1990 dienen die drei Säle der Börse kulturellen Zwecken.

Centraal Station + 🚶5 min.

Open voor exposities di-zo 11-17

De Beurs markeert met zijn sobere, bakstenen gevels, zijn ingehouden ornamentiek en zijn eerlijk zichtbare, ijzeren overkapping het begin van de moderne architectuur in Nederland. Door de samenwerking met dichters, beeldhouwers en schilders is het een **Gesamtkunstwerk** geworden. De toren verraadt Berlage's bewondering voor het laat middeleeuwse Italië en ook met zijn opvatting dat de Beurs een openbaar gebouw is refereert hij aan de vroege Italiaanse architectuur. Opmerkelijk is hoe Berlage in de gevel tot uitdrukking heeft gebracht dat iedere zijde van het gebouw zijn eigen karakter heeft. De drie beurszalen hebben bij de restauratie in 1990 een culturele bestemming gekregen.

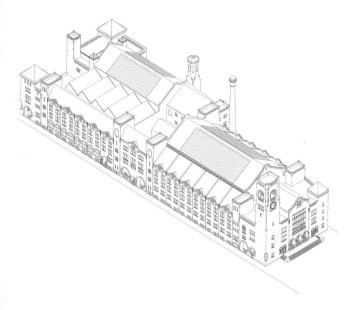

Centraal Station + ↟5 min.

Open Mon-Fri 10-17

The Scheepvaarthuis – an office building, originally for six shipping companies – is built on the site where, in 1595, the first Dutch East Indies voyage began. The prestigious work of art is an early example of the Amsterdam School. The building is supported by a concrete frame but owes its power of expression to the expressive brick façade. Van der Mey collaborated on the building with colleagues such as De Klerk, Kramer and the Van Gendt brothers, and with a number of artists including Hildo Krop. Numerous symbols, executed in expensive terracotta, granite, exotic hardwood and marble, refer, both inside and out, to shipping. In the interior, the hall and the staircase in particular are noteworthy.

Centraal Station + 🏃5 min.

Abierto 10-17 lu-vi

La Scheepvaarthuis, un edificio de oficinas, inicialmente para seis com-
pañías marítimas, fue construido en el mismo lugar donde en 1595
empezó el primer viaje holandés de la Compañía de las Indias Orientales.
La prestigiosa obra de arte es un temprano ejemplo de la Escuela de
Amsterdam. El edificio se apoya en una estructura de hormigón pero,
debe su expresividad a la significativa fachada de ladrillo. Van der Mey
fue asistido en el proyecto por De Klerk, Kramer y los hermanos Van
Gendt y algunos artistas como Hildo Krop. En el interior y exterior,
multitud de símbolos hacen referencia a la navegación. En el interior
son importantes el vestíbulo y la caja de la escalera.

Centraal Station + 🏃5 min.

Geöffnet Mo.-Fr. 10-17

Das Scheepvaarthuis – ein ursprünglich für sechs Reedereien bestimmtes
Bürogebäude – wurde an der Stelle errichtet, wo 1595 der erste nieder-
ländische Ostindienfahrer ablegte. Das imposante Kunstwerk ist ein
frühes Beispiel der Amsterdamer Schule. Das Gebäude wird von einem
Stahlbetonskelett getragen, verdankt jedoch seine Ausdruckskraft der
expressiven Ziegelsteineinfassade. Bei der Gestaltung arbeitete van der Mey
mit Kollegen wie de Klerk, Kramer und den Brüdern van Gendt sowie mit
Künstlern wie Hildo Krop zusammen. Zahllose Symbole, in kostbarem
Terrakotta, Granit, exotischem Hartholz oder in Marmor ausgeführt,
verweisen außen und innen auf die Schifffahrt. Beim Interieur sind vor
allem die Halle und das Treppenhaus interessant.

Centraal Station + 🏃5 min.

Open ma-vr 10-17

Het Scheepvaarthuis – een kantoorgebouw, aanvankelijk voor zes rede-
rijen – is gebouwd op de plek waar in 1595 de eerste Nederlandse Oost-
Indië-reis begon. Het prestigieuze kunstwerk is een vroeg voorbeeld van
de Amsterdamse School. Het gebouw wordt gedragen door een betonskelet maar dankt zijn uitdrukkingskracht aan de expressieve bakstenen
gevel. Van der Mey werkte bij de realisatie samen met collega's als De
Klerk, Kramer en de gebroeders Van Gendt en met een aantal kunste-
naars, onder wie Hildo Krop. Talloze symbolen, uitgevoerd in kostbaar
terracotta, graniet, exotisch hardhout of marmer, verwijzen buiten én
binnen naar de scheepvaart. Van het interieur zijn vooral hal en trappenhuis van belang.

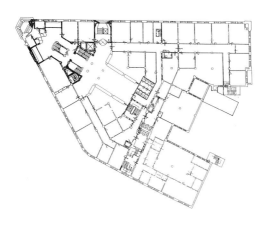

22 Zaanstraat
Open Museum Het Schip Thurs+Sun 14-17,
by appointment +31 20 4182885

Near Spaarndammerplantsoen there are three 'workers' palaces'. The
third, built for a socialist housing association, particularly marked the
breakthrough of the Amsterdam School. The block is a showcase of
virtuoso masonry, in which ingenious windows and porches, sculptures
and lettering have been organically incorporated. It is called 'Het Schip'
(The Ship) because of the triangular ground plan. The long façade on
Oostzaanstraat is an unobtrusive street frontage, that on Zaanstraat
– right next to the railway line – has a strong horizontality. On the short
side, in Hembrugstraat, a tower marks a small square.

22 Zaanstraat

Abierto Museo Het Schip 14-17 ju+do, previa cita +31 20 4182885

De los palacios de los obreros y el Spaarndammerplantsoen, en especial el tercero, construido para una coperativa socialista, significó el triunfo de la Escuela de Amsterdam. El bloque es un modelo magnífico de albañilería y donde se han incluido organicamente ingeniosas ventanas y soportales, esculturas y caracteres. Debe su nombre 'Het Schip' (El Barco) al plano triangular. De las dos largas fachadas la que da a la Oostzaanstraat tiene una sencilla pared exterior, y la que se encuentra en la Zaanstraat, al lado del ferrocarril, tiene un pronunciado rasgo horizontal. En el lado más corto, en la Hembrugstraat, una torre denota la ubicación de una plaza.

22 Zaanstraat

Geöffnet Museumj Het Schip Do.+Son. 14-17, nach Anmeldung +31 20 4182885

Der Durchbruch gelang der Amsterdamer Schule vor allem mit dem dritten 'Arbeiterpalast' am Spaarndammerplantsoen, der von einer sozialistischen Wohnungsbaugesellschaft erbaut wurde. Der Block ist ein Musterbeispiel für virtuoses Mauerwerk, in dem die phantasievollen Fenster- und Haustürbereiche, die Skulpturen und die Beschriftung ein organisches Ganzes bilden. Seinen Name 'Het Schip' (Das Schiff) verdankt der Bau dem dreieckigen Grundriss. Eine der beiden Längsfassaden, an der Oostzaanstraat, ist eine bescheidene Straßenwand, während die andere, an der Zaanstraat und direkt an den Bahngleisen, vor allem horizontalen Charakter hat. An der kurzen Seite, in der Hembrugstraat, markiert ein Turm einen kleinen Platz.

22 Zaanstraat

Open Museum Het Schip do+zo 14-17, op afspraak +31 20 4182885

Van de 'arbeiderspaleizen' bij het Spaarndammerplantsoen betekende vooral het derde, gebouwd voor een socialistische woningbouwvereniging, de doorbraak van de Amsterdamse School. Het blok is een toonbeeld van virtuoos metselwerk waarin ingenieuze ramen en portieken, sculpturen en de belettering organisch zijn opgenomen. Het dankt zijn naam ('Het Schip') aan de driehoekige plattegrond. Van de twee lange gevels is die aan de Oostzaanstraat een bescheiden straatwand, die aan de Zaanstraat – direct aan het spoor – heeft een sterke horizontaal karakter. Aan de korte kant, in de Hembrugstraat, markeert een toren een pleintje.

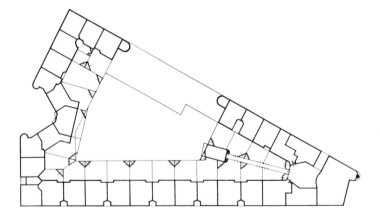

4, 9, 14, 16, 20, 24, 25 Munt
Open various film performances

The Art Deco cinema Theater Tuschinski is the perfect expression of its
function. It was built as a theatre in which audiences could be seduced
into letting themselves be enchanted by the illusion of the Hollywood
of the 20s. With its glazed tiles, ceramic sculptures and wrought-iron
decorations, the façade expresses the message that a different world lies
behind it. Inside, the public enters an ambience of sumptuous carpets,
subtle lighting and decorative furniture. The cinema has been rebuilt
many times. In the most recent refurbishment, the wall and ceiling
paintings were restored to their original splendour.

4, 9, 14, 16, 20, 24, 25 Munt

Abierto diversas sesiones cinematográficas

La perfecta descripción de su función es la de palacio del cine Art Déco Theater Tuschinski. Se construyó como teatro donde el espectador pudiese ser seducido, para después dejarse hechizar por la magia del Hollywood de los años veinte. El frontispicio propaga el mensaje de que tras la fachada existe otro mundo. Por tal motivo éste ha sido revestido de azulejos esmaltados, esculturas de cerámica y decoraciones de hierro forjado. En el interior, el público es recibido en un ambiente de lujosas alfombras, refinada iluminación y mobiliario decorativo. El cine ha sido en numerosas ocasiones reformado. En la última restauración, se ha recuperado el antiguo esplendor de las pinturas de la pared y el techo.

4, 9, 14, 16, 20, 24, 25 Munt

Geöffnet verschiedene Filmvorstellungen

Das Art-deco-Kino Theater Tuschinski ist der perfekte Ausdruck seiner Funktion. Es wurde als Filmpalast erbaut, in dem die Besucher von dem festlichen Ambiente dazu verführt werden sollten, sich ganz der Illusion der Hollywood-Filme aus den zwanziger Jahren hinzugeben. Die Fassade vermittelt die Botschaft, dass hinter ihr eine andere Welt liegt. Dazu wurde sie mit glasierten Fliesen, Keramikskulpturen und schmiede-eisernen Dekorationen verkleidet. Innen wird das Publikum in einer Atmosphäre von luxuriösen Teppichen, raffinierter Beleuchtung und dekorativem Mobiliar empfangen. Das Kino wurde schon oft umgebaut. Bei der letzten Restaurierung sind die Wand- und Deckengemälde in ihrem alten Glanz wiederhergestellt worden.

4, 9, 14, 16, 20, 24, 25 Munt

Open diverse filmvoorstellingen

Art Deco bioscoop Theater Tuschinski is de perfecte uitdrukking van zijn functie. Het werd gebouwd als theater waarin de bezoekers feestelijk zouden kunnen worden verleid om zich te laten betoveren door de illusie van het Hollywood van de jaren twintig. De gevel draagt de boodschap uit dat erachter een andere wereld ligt. Daartoe is hij bekleed met gegla-zuurde tegels, keramische sculpturen en smeedijzeren decoraties. Binnen wordt het publiek ontvangen in een sfeer van weelderige tapijten, geraf-fineerde verlichting en decoratief meubilair. De bioscoop is vele malen verbouwd. Bij de meest recente restauratie zijn de wand- en plafond-schilderingen in oude luister hersteld.

32, 33 Purmerplein

The working-class district Tuindorp Nieuwendam is one of the many
garden villages built to the north of the IJ shortly after the First World
War. These were the first residential neighbourhoods in this part of
Amsterdam, which up until then had been dominated by industry and
shipyards. Tuindorp Nieuwendam is a high point in the rural variant of
the Amsterdam School and is characterized by dwelling types which refer
to village life, an abundance of green space, gateways which emphasize
the intimacy of the area and a large number of communal facilities.
The oval Purmerplein with its shops is the heart of the village. During
refurbishments, the floor plans of some of the dwellings were altered.

El barrio obrero Tuindorp Nieuwendam es una de las muchas ciudades jardín que se construyeron al norte del IJ poco después de finalizar la Primera Guerra Mundial. Estos fueron los primeros barrios residenciales en esta parte de Amsterdam donde hasta ese momento sólo se habían instalado industrias y astilleros. El Tuindorp Nieuwendam es el punto culminante de la variante rural de la Escuela de Amsterdam y se caracteriza por unos tipos de vivienda que evocan la vida rural, por muchas zonas verdes, por portales que acentúan la intimidad y por un gran número de servicios comunes. La oval Purmerplein con sus comercios es el centro neurálgico del pueblo. En restauraciones, se cambiaron los planos de algunas viviendas.

Das Arbeiterviertel Tuindorp Nieuwendam ist eine der zahlreichen Siedlungen, die kurz nach dem Ersten Weltkrieg nördlich des IJ angelegt wurden. Es waren die ersten Wohnviertel in diesem Teil von Amsterdam, in denen sich bis zu dem Zeitpunkt fast ausschließlich Industriebetriebe und Schiffswerften niedergelassen hatten. Tuindorp Nieuwendam stellt einen Höhepunkt in der ländlichen Variante der Amsterdamer Schule dar. Charakteristisch sind die Wohnungstypen, die an das dörfliche Leben appellieren, viel Grün, Tore, die die Intimität betonen, und eine große Anzahl von Gemeinschaftseinrichtungen. Der ovale Purmerplein mit seinen Geschäften ist das Herz des Dorfes. In mehreren Fällen haben sich bei Restaurierungen die Grundrisse der Wohnungen geändert.

De arbeiderswijk Tuindorp Nieuwendam is een van de vele tuindorpen die kort na de Eerste Wereldoorlog ten noorden van het IJ werden aangelegd. Het waren de eerste woonwijken in dit deel van Amsterdam, waar tot dan toe bijna uitsluitend industrieën en scheepswerven waren gevestigd. Tuindorp Nieuwendam is een hoogtepunt in de landelijke variant van de Amsterdamse School en wordt gekenmerkt door woningtypen die appelleren aan het dorpsleven, veel groen, poorten die de intimiteit benadrukken en een groot aantal gemeenschappelijke voorzieningen. Het ovale Purmerplein met zijn winkels is het hart van het dorp. Bij restauraties veranderden hier en daar de plattegronden van de woningen.

🚋 12, 25 🚌 15 Victorieplein

The first high-rise residential building built in the Netherlands is situated in Plan Zuid (1917) by H.P. Berlage, Staal's great mentor. It stands at the point where three monumental thoroughfares converge and it towers above the large housing blocks in the Amsterdam School style, most of which have five storeys, hence the name 'Wolkenkrabber' (Skyscraper). The ground floor and the lower annexes contain, among other things, commercial spaces. Each of the tower's eleven storeys houses two mirror-imaged six-room dwellings. Staal used materials characteristic of the Nieuwe Bouwen – concrete, steel and glass – but chose yellow brick for the façade. The central shaft with lifts was very modern for its time.

🚋 12, 25 🚊 15 Victoricplcin

El primer edificio más alto de Holanda se encuentra en el Plan Zuid, (1917) de H.P. Berlage que fue el gran maestro de Staal. Está en el punto donde confluyen tres enormes carreteras y sobresale por encima de los grandes bloques de viviendas en el estilo de la Escuela de Amsterdam que principalmente tienen cinco plantas. De ahí viene el nombre 'Wolken-krabber' (Rascacielos). En los edificios anexos de menos altura hay, entre otros cosas, espacios para empresas. Cada una de las once plantas de la torre tiene dos viviendas posicionadas en espejo de seis habitaciones. Staal utilizó materiales característicos de la Nueva Arquitectura como hormigón, metal y cristal, pero para la fachada eligió ladrillos amarillos. En su época, la caja central con ascensores fue una innovación.

🚋 12, 25 🚊 15 Victorieplein

Der erste hohe Wohnungsbau der Niederlande befindet sich im Plan Zuid (1917) von H.P. Berlage, dem großen Lehrmeister von Staal. Er steht an der Stelle, wo drei monumentale Verkehrsstraßen zusammenkommen, und ragt über die großen Wohnblöcke im Stil der Amsterdamer Schule heraus, die überwiegend fünf Geschosse haben. Das erklärt den Namen 'Wolkenkrabber' (Wolkenkratzer). Im Erdgeschoß und in den niedrigeren Nebengebäuden befinden sich unter anderem Geschäftsraume. In jedem der elf Geschosse des Turms befinden sich zwei Sechs-Zimmer-Wohnungen im Spiegelbild. Staal verwendete Materialien – Beton, Stahl und Glas – die typisch für das Neue Bauen sind, wählte jedoch für die Fassade gelbe Ziegelsteine. Der zentrale Aufzugsschacht galt seinerzeit als ausgesprochen modern.

🚋 12, 25 🚊 15 Victorieplein

Nederlands eerste hoge woongebouw is gesitueerd in Plan Zuid (1917) van H.P. Berlage, de grote leermeester van Staal. Het staat op het punt waar drie monumentale verkeerswegen samenkomen en steekt uit boven de grote woonblokken in de stijl van de Amsterdamse School die over-wegend vijf lagen tellen. Vandaar de naam 'Wolkenkrabber'. Op de begane grond en in de lagere bijgebouwen bevinden zich onder andere bedrijfs-ruimten. Elk van de elf verdiepingen van de toren bevat twee gespiegelde zeskamerwoningen. Staal gebruikte materialen die het Nieuwe Bouwen kenmerken – beton, staal en glas – maar koos gele baksteen voor de gevel. De centrale schacht met liften was zeer modern in zijn tijd.

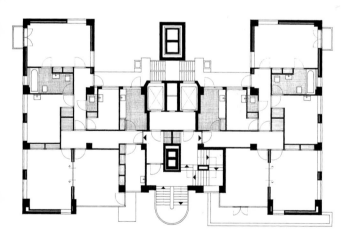

🚋 5, 24 Stadionweg/Beethovenstraat

Taking its cue from open-air schools for sick children in the countryside, this school, which is situated in an inner courtyard, was designed to give city children a healthy youth through an abundance of light and air. For this reason, the architect opted for a concrete skeleton and slender steel window frames with large areas of glass. This minimization of the construction is characteristic of the Nieuwe Bouwen (the Dutch Modern Movement). The open outdoor classrooms orientated toward the sun are flanked by two indoor classrooms which can be opened almost completely. The volume to the right of the entrance is a gymnasium. The gateway building used to house the headmaster's residence and a handicrafts classroom. When it was renovated in 1985 it became the infants' room.

5, 24 Stadionweg/Beethovenstraat

Siguiendo el ejemplo de las escuelas al aire libre, en plena naturaleza, para niños enfermos, esta escuela, situada en el centro de un terreno, pretendía ofrecer a los niños de la ciudad una niñez sana. Para conseguirlo: abundante luz y aire. Por eso, el arquitecto eligió una estructura de hormigón y marcos de metal fino con mucho cristal. Esta sencillez en la construcción es característico de la Nueva Arquitectura. Las aulas exteriores orientadas al sol están flanqueadas a su vez por dos aulas interiores que se pueden abrir prácticamente en su totalidad. El espacio a la derecha de la entrada es un gimnasio. En el edificio donde está la entrada principal, antes estaban la vivienda del director y el aula de trabajos manuales. Desde la reforma de 1985, este espacio se destinó a los párvulos.

5, 24 Stadionweg/Beethovenstraat

Nach dem Vorbild der in der Natur gelegenen Freiluftschulen für kranke Kinder sollte diese auf einem Innenterrain situierte Schule den Stadtkindern eine gesunde Jugend mit viel Licht und Luft bieten. Der Architekt wählte deshalb ein Betontragwerk und dünne Stahlfensterrahmen mit viel Glas. Diese Minimalisierung der Konstruktion ist charakteristisch für das Neue Bauen. Die offenen Außen-Klassenräume an der Sonnenseite werden von je zwei Innen-Klassenräumen flankiert, die fast vollständig geöffnet werden können. Das Volumen rechts vom Eingang ist ein Gymnastikraum. In dem Torgebäude befanden sich früher die Direktorenwohnung und ein Klassenraum für Handarbeit. Seit dem Umbau von 1985 dient es als Raum für Kinder im Kindergartenalter.

5, 24 Stadionweg/Beethovenstraat

In navolging van openluchtscholen in de vrije natuur voor zieke kinderen, is deze op een binnenterrein gesitueerde school bedoeld om stadskinderen een gezonde jeugd te geven. Een overvloed aan licht en lucht moest daarvoor zorgen. De architect koos voor een betonskelet en dunne stalen kozijnen met veel glas. Deze minimalisatie van de constructie is kenmerkend voor het Nieuwe Bouwen. De open buitenlokalen op de zon worden geflankeerd door telkens twee binnenlokalen die vrijwel geheel kunnen worden geopend. Het volume rechts van de entree is een gymnastieklokaal. In het poortgebouw bevonden zich vroeger de directeurswoning en een handenarbeidlokaal. Sinds een verbouwing in 1985 is het de ruimte voor de kleuters.

Burgerweeshuis Aldo van Eyck 1960
IJsbaanpad 3

Van Eyck was one of the modern architects who voiced their criticism of
the Nieuwe Bouwen in the magazine **Forum**. In their search for a well-
dimensioned environment, they were particularly concerned with people's
social and psychological needs. The orphanage represents the transitions
between city and building, between exterior and interior spaces and
between collective and private spaces. 336 identical units with concrete
domes have been grouped around an inner courtyard in such a way that
each age group has its own zone, each of which in turn is situated around
its own larger block. The children were the determining factor for all of
the dimensions. In 1990, the former orphanage was renovated by Aldo
and Hannie van Eyck.

M 50 Amstelveenseweg + 🚶5 min. 🚃 6, 16 Stadionstraat + 🚶5 min.

Van Eyck fue uno de los arquitectos modernos que expresó sus críticas sobre la Nueva Arquitectura en la revista **Forum**. Ellos, sobre todo, tenían en cuenta las necesidades sociales y psicológicas de las personas a la hora de buscar un entorno apropiado. El orfanato refleja el paso entre ciudad y edificio, entre espacios interiores y exteriores y entre espacios colectivos y privados. Alrededor de un patio se han agrupado 336 unidades idénticas con cúpulas de hormigón de tal manera que cada grupo de una determinada edad tenía su propia sección, y alrededor del bloque más grande hay bloques más pequeños. Los niños sirvieron de modelo para precisar las medidas. En 1990, Aldo y Hannie van Eyck renovaron el antiguo orfanato.

M 50 Amstelveenseweg + 🚶5 min. 🚃 6, 16 Stadionstraat + 🚶5 min.

Van Eyck war einer der modernen Architekten, die ihre Kritik am Neuen Bauen in der Zeitschrift **Forum** zur Sprache brachten. Auf der Suche nach einer Umgebung mit den besten Abmessungen interessierten sie sich vor allem für die sozialen und psychologischen Bedürfnisse des Menschen. Das Waisenhaus stellt die Übergänge zwischen Stadt und Gebäude dar, zwischen Außen- und Innenräumen und zwischen dem kollektiven und dem privaten Bereich. Um einen Innenhof herum sind 336 gleichförmige Einheiten mit Betonkuppeln so gruppiert, dass jede Altersgruppe ihre eigene Abteilung hat, um einen eigenen größeren Block. Maßgebend für sämtliche Abmessungen waren dabei die Kinder. Das ehemalige Waisenhaus wurde 1990 von Aldo und Hannie van Eyck selbst renoviert.

M 50 Amstelveenseweg + 🚶5 min. 🚃 6, 16 Stadionstraat + 🚶5 min.

Van Eyck was een van de moderne architecten die hun kritiek op het Nieuwe Bouwen verwoordden in het tijdschrift **Forum**. Zij hadden bij het zoeken naar een goed gedimensioneerde omgeving vooral oog voor de sociale en psychologische behoeften van de mens. Het weeshuis verbeeldt de overgangen tussen stad en gebouw, tussen buiten- en binnenruimten en tussen collectieve en private ruimten. Rond een binnenhof zijn 336 gelijkvormige eenheden met betonnen koepels zo gegroepeerd dat iedere leeftijdsgroep zijn eigen afdeling heeft, elk weer rond een eigen, groter blok. Voor alle afmetingen waren de kinderen maatgevend. In 1990 werd het voormalig weeshuis gerenoveerd door Aldo en Hannie van Eyck zelf.

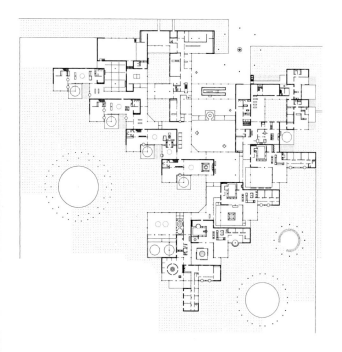

🚃 1, 2, 5 Koningsplein

Surrounded by 18th-century canal houses, the private house Singel 428
is at once striking and unobtrusive. The modern idiom, which is expressed
in the concrete façade composed of grey prefabricated elements, enters
into a critical dialogue with the historic context. While the colours (grey
and blue) and the material used contrast with the surroundings as regards
dimensions and storey heights, the house is in keeping with the adjacent
canal houses. Above the commercial premises on the ground floor are
three dwellings and a luxury apartment on two storeys. The latter is
identifiable by the window above the top two storeys. The dwellings are
accessed via a centrally situated staircase.

🚃 1, 2, 5 Koningsplein

En medio de las casas señoriales del siglo XVIII, la vivienda del Singel, 428 al mismo tiempo destaca y es discreta. El lenguaje moderno, que queda manifiesto en la fachada de hormigón construida con elementos grises prefabricados, emprende aquí un diálogo crítico con su entorno histórico. En cuanto a los colores (gris y azul) y al material utilizado, la casa difiere de las casas señoriales contiguas pero es similar en cuanto a la anchura y altura de las plantas. Encima de la empresa ubicada en la planta baja, hay tres viviendas y un lujoso apartamento que ocupan dos plantas. Éste último se puede reconocer por una ventana enorme que abarca las dos plantas superiores. A las viviendas se accede por medio de una central caja de escalera.

🚃 1, 2, 5 Koningsplein

Inmitten der Grachtenhäuser aus dem 18. Jahrhundert ist das Wohnhaus Singel 428 auffallend und bescheiden zugleich. Das moderne Idiom, das in der aus grauen vorgefertigten Elementen aufgebauten Betonfassade zum Ausdruck kommt, tritt hier mit der historischen Umgebung in einen kritischen Dialog. Es sind die Farben (grau und blau) sowie die verwendeten Materialien, die abweichen; das Haus schließt, was das Maß und die Geschosshöhen betrifft, bei den benachbarten Grachtenhäusern an. Über dem Geschäftsraum im Erdgeschoss befinden sich drei Wohnungen und ein Luxus-Appartement auf zwei Etagen. Letzteres ist an einem Fenster über den obersten zwei Etagen zu erkennen. Die Wohnungen sind über ein zentral gelegenes Treppenhaus erreichbar.

🚃 1, 2, 5 Koningsplein

Temidden van 18e-eeuwse grachtenpanden is het woonhuis Singel 428 opvallend en bescheiden tegelijk. Het moderne idioom, dat tot uitdrukking komt in de uit grijze prefab elementen opgebouwde, betonnen gevel, gaat hier een kritische dialoog aan met de historische omgeving. Waar de kleuren (grijs en blauw) en het toegepaste materiaal afwijken, sluit het huis qua maatvoering en verdiepingshoogten aan bij de naastgelegen grachtenpanden. Boven de bedrijfsruimte op de begane grond bevinden zich drie woningen en een luxe appartement over twee etages. Dit laatste is te herkennen aan een raam over de bovenste twee verdiepingen. De woningen worden ontsloten via een centraal gelegen trappenhuis.

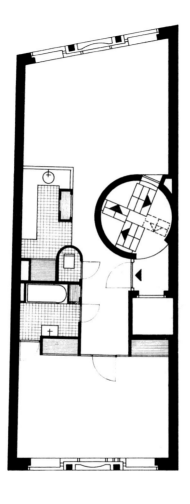

Montessorischool/Willemsparkschool
Herman Hertzberger 1983
Willem Witsenstraat 12-14

16 Emmastraat/De Lairessestraat

Two almost identical primary schools are situated so that the playground
is divided into a semi-public and a more sheltered section, specially
designed for small children. As a result, employees and visitors are led
via subtle transitions from the public street to the compact, closed space
inside the school. The infants' entrance is on the ground floor under an
exterior stairway, on which the children can play and beneath which they
can shelter. The classrooms for the older children are situated above, on
either side of a spacious hall which also functions as an auditorium.
Performances and other meetings can be held here, but it also serves as
a space for the children to work in, by themselves or in groups.

🚌 16 Emmastraat/De Lairessestraat

Dos casi idénticas escuelas de primaria han sido ubicadas de tal modo que el patio de recreo está dividido en una parte aún semipública y otra parte más protegida ha sido especialmente habilitado para niños pequeños. De este modo, toda persona que trabaja o visita el edificio es guiada por ingeniosos corredores desde la calle al espacio cerrado y privado de la escuela. Los párvulos tienen su entrada en la planta baja por debajo de las escaleras exteriores donde también pueden jugar y esconderse. Las aulas para los alumnos mayores se encuentran encima, a ambos lados de un espacioso vestíbulo que sirve también de auditorio. Aquí se pueden celebrar representaciones u otros actos y los niños también pueden trabajar solos o en grupos.

🚌 16 Emmastraat/De Lairessestraat

Zwei fast identische Grundschulen wurden so platziert, dass der Schulplatz in einen halb-öffentlichen und einen geschützteren Teil, speziell für die Kleinen eingerichtet, aufgeteilt wird. So wird jeder, der dort arbeitet oder zu Besuch kommt, über subtile Übergänge von der öffentlichen Straße zu dem kompakten geschlossenen Raum der Schule begleitet. Die Kinder im Vorschulalter haben ihren Eingang im Erdgeschoss unterhalb der Außentreppen, auf denen man spielen und unter denen man sich verstecken kann. Die Klassenräume für die älteren Schüler befinden sich darüber, an beiden Seiten einer großen Halle, die gleichzeitig als Auditorium dient. Hier finden Vorstellungen und andere Zusammenkünfte statt, aber die Kinder können auch alleine oder in Gruppen arbeiten.

🚌 16 Emmastraat/De Lairessestraat

Twee bijna identieke basisscholen zijn zo geplaatst dat het schoolplein is opgedeeld in een nog semi-openbaar en een meer beschut gedeelte, speciaal ingericht voor kleine kinderen. Zo wordt iedereen die er werkt of op bezoek komt via subtiele overgangen begeleid van de openbare straat naar de compacte, besloten ruimte in de school. De kleuters hebben hun entree op de begane grond onder buitentrappen, waarop gespeeld en waaronder geschuild kan worden. De lokalen voor de oudere leerlingen bevinden zich daarboven, aan weerszijden van een ruime hal die tegelijk auditorium is. Hier kunnen voorstellingen en andere bijeenkomsten worden gehouden maar kunnen kinderen ook alleen of in groepen werken.

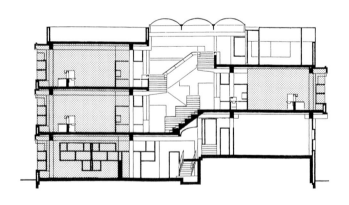

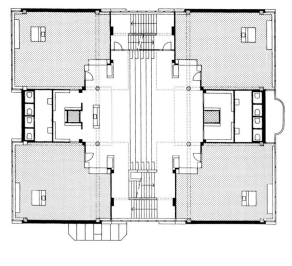

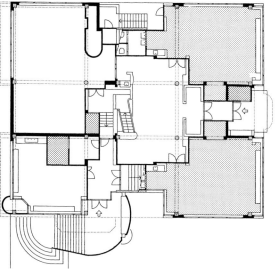

NMB (ING) Hoofdkantoor
Ton Alberts & Max van Huut 1987
Bijlmerplein 888

M 50, 54 Bijlmer + 🚶5 min.

This quirkily shaped, brick office building seems to refer to the expressionism of the period around the First World War, but it is above all an expression of the anthroposophical philosophy of the architects. The building consists of ten towers linked via an inner street on the first floor, which meanders past colourful voids with water features comprising plants and collected rainwater. The choice of materials such as natural stone and wood and the absence of right angles are a consequence of the decision to follow nature as closely as possible in the design. From a practical point of view, this has the advantage that the energy-saving is considerable and maintenance costs are low.

Este edificio de ladrillos de formas caprichosas parece que remite al expresionismo de los años anteriores a la Primera Guerra Mundial, pero, ante todo es la expresión de la actitud antroposófica en la vida de los arquitectos. Está formado por diez torres que se comunican entre si por una calle interior en la primera planta, la cual serpentea a lo largo de coloreados espacios libres con estanques de agua de lluvia y plantas. La elección de materiales como piedra de silleria y madera y la ausencia de ángulos rectos es la consecuencia de la idea de seguir, en lo posible, a la naturaleza. Desde un punto de vista racional ésto tiene la ventaja de un ahorro energético elevado y unos costes de mantenimiento bajos.

M 50, 54 Bijlmer + ⅍ 5 min.

Dieses bizarr geformte Bürogebäude aus Backstein scheint auf den Expressionismus aus der Zeit des Ersten Weltkriegs zu verweisen, ist aber hauptsächlich Ausdruck der anthroposophischen Lebensphilosophie der Architekten. Es besteht aus zehn Türmen, die durch eine Innenstraße im ersten Geschoss verbunden sind. Diese schlängelt sich an bunten freien Räumen mit Wasserpartien von aufgefangenem Regenwasser und Pflanzen entlang. Der Grundsatzentscheidung, Materialien wie Naturstein und Holz zu benutzen, sowie keine rechten Winkel zu verwenden, liegt der Gedanke zugrunde, in diesem Entwurf weitmöglichst der Natur zu folgen. Das bietet, rechnerisch gesehen, den Vorteil einer beträchtlichen Energieeinsparung und niedriger Unterhaltskosten.

M 50, 54 Bijlmer + ⅍ 5 min.

Dit grillig gevormde, bakstenen kantoorgebouw lijkt te verwijzen naar het expressionisme uit de tijd rond de Eerste Wereldoorlog maar is vooral de expressie van de antroposofische levenshouding van de architecten. Het bestaat uit tien torens die zijn verbonden door een binnenstraat op de eerste verdieping. Deze meandert langs kleurige vides met waterpartijen van opgevangen regenwater en planten. De keuze voor materialen als natuursteen en hout en de afwezigheid van rechte hoeken zijn het gevolg van de gedachte om in het ontwerp zoveel mogelijk de natuur te volgen. Rationeel gezien is hiervan het voordeel dat de energiebesparing groot is en de onderhoudskosten laag zijn.

 28, 32, 59 Levantplein

The housing block Piraeus has deliberately been designed as a metro-
politan super block because of the enormous scale and openness of the
former dockland area Oostelijk Havengebied. The block is not completely
closed, because the architects had to take an historic KNSM building
(which has been inhabited by squatters since 1980) into account.
Surrounding this building is Piraeusplein, in which the stelcon slabs and
a steel stairway call to mind the area's maritime past. The commercial
units are situated on the quay, the entrances to the dwellings are on the
north side. The fact that the complex contains both a large number of
standard rented dwellings and unique, more expensive apartments is not
evident from the façade.

▨ 28, 32, 59 Levantplein

Debido a la enorme dimensión y a la claridad del Oostelijk Havengebied (zona del Puerto Oriental), al edificio Piraeus se le ha dado deliberadamente la forma de un gran bloque cosmopolita. El bloque no está totalmente cerrado pues los arquitectos tuvieron que tener en cuenta el histórico edificio de KNSM que desde 1980 está habitado por okupas. Alrededor de este edificio se creó la Piraeusplein donde placas de Stelcon y una escalera de acero nos trae a la memoria el pasado marítimo. Los espacios para las empresas están en el muelle y los accesos a las viviendas en la parte norte. Lo que la fachada no deja ver es que el complejo alberga tanto a una gran cantidad de viviendas corrientes de alquiler como a apartamentos singulares y costosos.

▨ 28, 32, 59 Levantplein

Wegen des riesigen Maßstabs und der Offenheit des östlichen Hafengebiets ist der Wohnkomplex Piraeus bewusst als großstädtischer **super block** gestaltet worden. Der Block ist nicht ganz geschlossen, denn die Architekten mussten bei der Planung ein historisches Gebäude der KNSM berücksichtigen, das seit 1980 von Hausbesetzern bewohnt wird. Um dieses Gebäude herum ist der Piraeusplein entstanden, wo große Stelconplatten und eine Stahltreppe die Erinnerung an die Vergangenheit der Schifffahrt wachrufen. Die Geschäftsräume liegen am Kai, die Eingänge der Wohnungen an der Nordseite. Nirgendwo verrät die Fassade, dass der Komplex sowohl eine große Anzahl Standard-Mietwohnungen als auch besondere und teuere Appartements enthält.

▨ 28, 32, 59 Levantplein

Het woongebouw Piraeus is bewust vormgegeven als een grootstedelijk **super block** vanwege de enorme schaal en openheid van het Oostelijk Havengebied. Het blok is niet geheel gesloten, want de architecten moesten rekening houden met een historisch KNSM-gebouw, dat sinds 1980 door krakers wordt bewoond. Om dit gebouw heen is het Piraeusplein ontstaan waar stelconplaten en een stalen trap de herinnering oproepen aan het scheepvaartverleden. De bedrijfsruimten liggen aan de kade, de ingangen van de woningen aan de noordzijde. Wat nergens aan de gevel is af te lezen, is dat het complex zowel een groot aantal standaard huurwoningen als bijzondere en duurdere appartementen bevat.

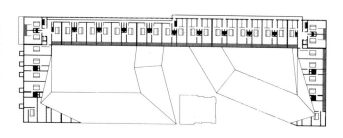

1, 17 Ruimzicht + 23 Reimerswaalstraat

Oklahoma is a new complex in the Westelijke Tuinsteden, a garden suburb area realized shortly after the Second World War as part of the General Expansion Plan (1935). The gallery flats contain 21 different types of dwellings for the elderly. The design brief called for one hundred dwellings. However, because there was insufficient space within the block for that number, MVRDV decided to suspend thirteen dwellings, which are the same depth as the building, from the façade by means of a steel construction. The backdrop to these 'appendage dwellings', which are clad with cedar, is for the most part glass, while on the other side of the building a façade clad with wood forms the background to the plexiglass balconies.

🚋 1, 17 Ruimzicht + 🚋 23 Reimerswaalstraat

El Oklahoma es un complejo nuevo en las Westelijke Tuinsteden (ciudades jardín occidentales) que se realizaron poco después de la Segunda Guerra Mundial en el marco del Plan General de Ampliación (1935). El edificio con galería exterior tiene 21 tipos diferentes de viviendas para ancianos. En total tenían que ser cien viviendas, pero, como según las prescripciones dentro del bloque que se pretendía construir no había suficiente espacio, MVRDV hizo que trece viviendas, que tenían la misma profundidad que el edificio, sobresaliesen por medio de una construcción de acero. El fondo en el que se perfilan 'las viviendas colgantes' revestidas con madera de cedro, es principalmente de cristal, mientras que al otro lado del edificio una fachada revestida con madera sirve de fondo para los balcones de plexiglás.

🚋 1, 17 Ruimzicht + 🚋 23 Reimerswaalstraat

Oklahoma ist ein neuer Komplex in den westlichen Gartenstädten, die kurz nach dem Zweiten Weltkrieg im Rahmen des Allgemeinen Erweite-rungsplans (1935) realisiert wurden. Das Laubenganghaus besteht aus 21 verschiedenen Wohnungstypen für Senioren. Es waren insgesamt hundert Wohnungen geplant. Weil jedoch wegen der Vorschriften inner-halb des geplanten Baublocks nicht genug Platz war, ließ MVRDV dreizehn Wohnungen, die genauso tief sind wie das Hochhaus selbst, durch eine Stahlkonstruktion herausspringen. Der Hintergrund, gegen den sich die mit Zedernholz verkleideten 'Anhangwohnungen' abheben, ist überwiegend aus Glas, während auf der anderen Seite des Gebäudes eine holzverkleidete Fassade den Hintergrund für Balkons aus Plexiglas bildet.

🚋 1, 17 Ruimzicht + 🚋 23 Reimerswaalstraat

Oklahoma is een nieuw complex in de Westelijke Tuinsteden, die kort na de Tweede Wereldoorlog in het kader van het Algemeen Uitbreidingsplan (1935) werden gerealiseerd. De galerijflat bevat 21 verschillende typen woningen voor senioren. Gevraagd werden in totaal honderd woningen. Omdat er volgens de voorschriften binnen het beoogde bouwblok niet genoeg ruimte was, liet MVRDV dertien woningen, die even diep zijn als de flat zelf, door middel van een staalconstructie uitspringen. Het decor waartegen de met cederhout beklede 'aanhangwoningen' afsteken, is overwegend van glas, terwijl aan de andere kant van het gebouw een met hout beklede gevel de achtergrond vormt voor balkons van plexiglas.

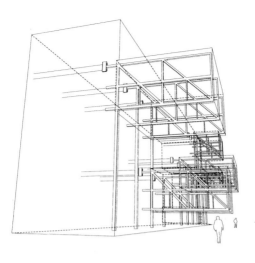

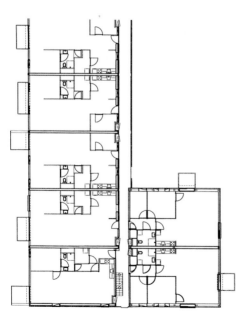

The Whale Frits van Dongen/De Architekten Cie. 2001
Baron G.A. Tindalplein

28, 32, 39, 43 C. van Eesterenlaan

The Whale is one of the three large housing blocks surrounded by low-rise on Borneo and Sporenburg. They bring the housing density to one hundred dwellings per hectare and are important landmarks in the neighbourhood. The Whale is also distinguished by the fact that the image of the reflective, zinc façade, in contrast to the brick surroundings, changes with the changing weather conditions. The volume is raised on the short sides, giving rise to considerable openness at street level. The sloping cornice lines are derived from sunlighting studies and allow maximum penetration of light. The block's unorthodox forms have resulted in different dwelling types on the lower and top storeys.

▨ 28, 32, 39, 43 C. van Eesterenlaan

The Whale es uno de los tres grandes bloques de viviendas en medio de edificios bajos en las calles de Borneo y Sporenburg que hacen que se eleve a cien la densidad de viviendas por metro cuadrado y que sean importantes señas en el barrio. El edificio también destaca por la imagen de la brillante fachada de cinc, que a diferencia de su entorno de ladrillo, varía según las condiciones atmosféricas. En los laterales bajos, se ha levantado el volumen por lo que al nivel de la calle se ha formado una gran claridad. Las líneas oblicuas del tejado se deben a estudios sobre la luz solar y hacen posible una óptima entrada de luz. Las formas poco ortodoxas del bloque han dado lugar a distintos tipos de viviendas en los niveles superiores e inferiores.

▨ 28, 32, 39, 43 C. van Eesterenlaan

The Whale ist einer der drei großen Häuserblocks inmitten des Flachbaus auf Borneo und Sporenburg, die die Dichte auf hundert Wohnungen pro Hektar erhöhen und wichtige Markierungen in diesem Viertel sind. Das Gebäude fällt auch dadurch auf, dass das Bild der reflektierenden Zinkfassade – im Gegensatz zur Backstein-Umgebung – sich mit den Wetterverhältnissen verändert. An den kurzen Seiten wird das Volumen gehoben, wodurch auf Straßenniveau eine große Offenheit entstanden ist. Die schrägen Dachlinien basieren auf Studien zum Einfall des Sonnenlichts; sie ermöglichen so einen optimalen Lichteinfall. Die unorthodoxen Formen des Blocks haben dazu geführt, dass in den untersten und obersten Schichten abweichende Wohnungstypen entstanden sind.

▨ 28, 32, 39, 43 C. van Eesterenlaan

The Whale is een van de drie grote huizenblokken temidden van de laagbouw op Borneo en Sporenburg die de dichtheid op honderd woningen per hectare brengen en belangrijke markeringen zijn in de wijk. Het gebouw onderscheidt zich ook doordat het beeld van de spiegelende, zinken gevel, anders dan de bakstenen omgeving, mee verandert met de weersomstandigheden. Aan de korte zijden is het volume opgetild waardoor op straatniveau een grote openheid is ontstaan. De schuine daklijnen zijn ontleend aan bezonningsstudies en maken een optimale lichttoetreding mogelijk. De onorthodoxe vormen van het blok hebben geleid tot afwijkende woningtypen op de onderste en bovenste lagen.

48, 49 Barentszplein

Two of the three buildings on the Silodam are former grain warehouses.
The middle building, Korthals Altes by A.L. van Gendt and J.F. Klinkhamer (1898), has a historicizing brick façade, behind which is a concrete construction which was very advanced for it time. The warehouse
Amandla (1952), on the landside, is entirely of concrete. The spectacular
renovation of the warehouses by A.J. and J. van Stigt has resulted in a
mixed environment with, in addition to dwellings, commercial spaces,
studios, bars and restaurants. The residential building by MVRDV at
the head of the pier contains a wide variety of dwelling types in stacked
'neighbourhoods' which are interconnected internally.

🚋 48, 49 Barentszplein

Dos de los tres edificios en el Silodam son antiguos silos para grano. El edificio del medio, el Korthals Altes de A.L. van Gendt y J.F. Klinkhamer (1898), tiene una histórica fachada de ladrillo detrás de la cual se encuentra una construcción de hormigón muy avanzada para aquella época. El almacén Amandla (1952), en la parte que da al campo, es en su totalidad de hormigón. Después de la espectacular renovación de los silos por A.J. y J. van Stigt, ha surgido un ambiente heterogéneo donde además de viviendas también hay espacios para empresas, talleres y servicios de hostelería. En el edificio de apartamentos de MVRDV en el extremo del malecón, se han instalado viviendas de estilos variopintos en 'barrios agrupados' que se comunican entre sí y en su interior.

🚋 48, 49 Barentszplein

Zwei der drei Speichergebäude auf dem Silodam sind ehemalige Getreidesilos. Das mittlere Gebäude, der Korthals Altes von A.L. van Gendt und J.F. Klinkhamer (1898) hat eine historisierende Backsteinfassade, hinter der sich eine für jene Zeit sehr fortschrittliche Betonkonstruktion befindet. Das Speicherhaus Amandla (1952), an der Landseite, ist ganz aus Beton. Nach der spektakulären Renovierung der Silos durch A.J. und J. van Stigt ist eine gemischte Umgebung entstanden, die Wohnungen, Geschäftsräume, Ateliers und Gastronomie-Einrichtungen umfasst. Im Wohngebäude des Büros MVRDV am Kopfende des Piers wurden die verschiedensten Wohnungstypen in gestapelten 'Vierteln' angeordnet, die innen miteinander verbunden sind.

🚋 48, 49 Barentszplein

Twee van de drie gebouwen op de Silodam zijn voormalige graansilo's. Het middelste gebouw, de Korthals Altes van A.L. van Gendt en J.F. Klinkhamer (1898), heeft een historiserende gevel van baksteen waarachter zich een voor die tijd geavanceerde betonconstructie bevindt. Het pakhuis Amandla (1952), aan de landzijde, is geheel van beton. Na de spectaculaire renovatie van de silo's door A.J. en J. van Stigt is een gemengd milieu ontstaan met behalve woningen ook bedrijfsruimtes, ateliers en horecavoorzieningen. In het woongebouw van MVRDV op de kop van de pier zijn woningen van zeer uiteenlopende typen ondergebracht in gestapelde 'buurtjes' die binnendoor met elkaar zijn verbonden.

Amandla, Korthals Altes

ING House
Roberto Meyer & Jeroen van Schooten 2002
Amstelveenseweg 500

M 50 Amstelveenseweg + ↑ 5 min.

🚋 6, 16 Stadionstraat, 24 Stadionplein + ↑ 10 min.

The headquarters of the ING House form part of the development of the Zuidas, the economic importance of which is partly due to the proximity of Schiphol. In this context, the large, glass building presents itself in a strikingly airy way: because it stands on posts ranging from nine to twelve metres in height, it is possible, from the ringway and the metro, to look right underneath the building to the other side. The volume descends obliquely toward the green periphery of the city. As a result, many of the spaces in the building have extensive views. The interior is characterized by a large number of atria, loggias, patios and interior gardens, the presence of which is perceptible throughout the building because of its transparency.

M 50 Amstelveenseweg + 🕺 5 min.

🚃 6, 16 Stadionstraat, 24 Stadionplein + 🕺 10 min.

La sede del ING House forma parte del desarrollo, también debido a la cercana presencia del aeropuerto de Schiphol, del Zuidas, tan importante para la economía. En este contexto, el edificio alto de cristal se presenta de una manera extraordinariamente etérea: como se alza sobre nueve soportes de doce metros de altura, es posible mirar por debajo del edificio desde la carretera de circunvalación y del metro. El volumen se inclina en dirección a la verde periferia de la ciudad. Por ello, muchos espacios en el edificio tienen magníficas vistas. El interior se caracteriza por un gran número de atrios, galerías, patios, y jardines interiores cuya presencia se siente por doquier gracias a la transparencia del edificio.

M 50 Amstelveenseweg + 🕺 5 min.

🚃 6, 16 Stadionstraat, 24 Stadionplein + 🕺 10 min.

Die Zentrale der ING House ist Bestandteil der – auch durch die Nähe zu Schiphol – ökonomisch so wichtigen Entwicklung der Zuidas. In diesem Kontext präsentiert sich das große Glasgebäude auf eine auf-fallend lockere Weise: Da es auf Stützen von neun bis zwölf Meter Höhe steht, kann man sowohl vom Ringweg als von der Metro aus unten durch schauen. Das Volumen verläuft schräg in Richtung der grünen Stadt-Peripherie. Viele Räume in diesem Gebäude haben dadurch eine herrliche Aussicht. Das Interieur zeichnet sich aus durch eine Viel-zahl von Atrien, Loggien, Patios und Innengärten, deren Anwesenheit durch die Trans-parenz des Gebäudes überall spürbar ist.

M 50 Amstelveenseweg + 🕺 5 min.

🚃 6, 16 Stadionstraat, 24 Stadionplein + 🕺 10 min.

Het hoofdkantoor van de ING House maakt deel uit van de ontwikkeling van de mede door de nabijheid van Schiphol economisch zo belangrijke Zuidas. In deze context presenteert het grote, glazen gebouw zich op opvallend luchtige wijze: doordat het op poten van negen tot twaalf meter hoogte staat kan er vanaf de ringweg en vanuit de metro onderdoor gekeken worden. Het volume loopt schuin af in de richting van de groene periferie van de stad. Veel ruimten in het gebouw hebben daardoor een weids uitzicht. Het interieur wordt gekenmerkt door een groot aantal atria, loggia's, patio's en binnentuinen waarvan de aanwezigheid door de transparantie van het gebouw overal voelbaar is.

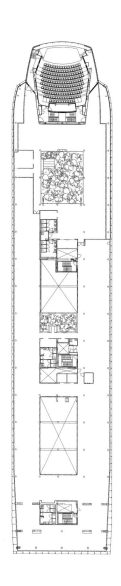
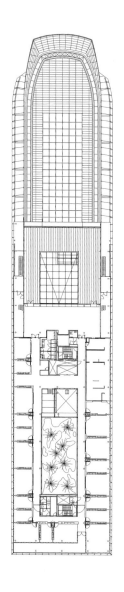

Third and eighth storey/tercera y octava planta/dritte und achtste Geschoss/derde en achtste verdieping

Missing projects/ontbrekende projecten/proyectos omitidos/fehlende Projekte

Further reading/literatuur/literatura/Literatur

ARCAM, Architectuurkaart Amsterdam/Architectural map Amsterdam,
Amsterdam 1998

ARCAM/dRO, Architectuurkaart Oostelijk Havengebied/Architectural map Eastern
Docklands, Amsterdam 2002

Bock, M., et al., Berlage in Amsterdam (ARCAM POCKET 4), Amsterdam 1992

Buurman, M., en M. Kloos, Amsterdam Architecture 1997-99 (ARCAM POCKET 13),
Amsterdam 2000

Casciato, M., Amsterdam School, Rotterdam 1996

Groenendijk, P., en P. Vollaard, Gids voor Moderne Architectuur in Amsterdam/
Guide to Modern Architecture in Amsterdam, Rotterdam 1996

Huisman, J., et al., 100 jaar bouwkunst in Amsterdam/An outline of Amsterdam
architecture since 1900, Amsterdam 1999

Kemme, G., et al., Amsterdam Architecture. A Guide, Amsterdam 1996

Kloos, M., Amsterdam Architecture 1991-93 (ARCAM POCKET 7), Amsterdam 1994

Kloos, M., Amsterdam Architecture 1994-96 (ARCAM POCKET 11), Amsterdam 1997

Websites/websites/sitios web/Webseiten

www.arcam.nl

www.amsterdam.nl

www.amsterdam.nl/bmz (heritage/monumenten/monumentos/Monumenten)

www.archined.nl (architects/architecten/arquitectos/Architekten)

www.aub.nl (museums & theatres/musea & theaters/museos & teatros/Museen & Theater)

Sources/bronnen/fuentes de información/Quellen

Preface/Voorwoord/Prólogo/Vorwort

    Nooteboom, Cees, **De filosoof zonder ogen**, Amsterdam 1997, 7-13

Photography/Fotografie/Fotógrafo/Fotos

    Jan Derwig

    Except/behalve/excepto/außer

    Maarten Brinkgreve 63 ^

    Georges Fessy 132

    Maarten Kloos 58, 86, 130

Aerial views/Luchtfoto's/Fotografías aéreas/Luftfotos

    DRO VORM, Hans Brons

    Except/behalve/excepto/außer

    Jeroen Musch 126

Drawings have been supplied by the respective architects, except/Tekeningen zijn afkomstig van de architecten, behalve/ Los planos provienen de los arquitectos, a excepción de/die Zeichnungen stammen von den Architekten, außer

    Herman Janse en Friso ten Holt 38

    A.J. & J. Van Stigt 43

    Meischke, R., et al., **Huizen in Nederland. Amsterdam**, Amsterdam 1993, 247 46

    Kuyper, W., **Dutch Classicist Architecture**, Delft 1980, 11/ Orig. **Architectura Moderna, 1631** 50

    Educatieve Dienst Koninklijk Paleis 54

    Rappange & Partners Architecten b.v. en Friso ten Holt 59

Archief Felix Meritis 66

Ruijssenaars, H., **Masterplan Rijksmuseum. Vooruit naar Cuypers**, Blaricum 2000, 39 71

Barbieri, Umberto S. en Leen van Duin, **Honderd jaar Nederlandse architectuur 1901-2000. Tendensen en Hoogtepunten**, Nijmegen 1999, 82 75

Casciato, M., **Amsterdam School**, Rotterdam 1996, 48, 169 79, 82

Bureau Voorlichting Gemeente Amsterdam, **Amsterdam|wonen 1900-1975**, Amsterdam 1975, 19, 46 95, 107

Strauven, F., **Het Burgerweeshuis van Aldo van Eyck. Een Modern Monument**, Amsterdam 1987, 18, 24 103

Klaren, M. (ed.), **Piraeus – een woongebouw van Kollhoff**, Rotterdam 1994, 24 119

ARCAM receives financial support from/ontvangt financiële steun van/ recibe ayuda económica de/erhält finanzielle Unterstützung von:

Gemeente Amsterdam: Stedelijke Woningdienst/Dienst Ruimtelijke Ordening/Sector Ruimtelijke Ontwikkeling, Infrastructuur en Beheer/Dienst Welzijn, afdeling Kunst en Cultuur

Amsterdams Fonds voor de Kunst, Amsterdam

Stimuleringsfonds voor Architectuur

Algemene Woningbouwvereniging Amsterdam

Amstelland Ontwikkeling Wonen, Amsterdam

A+D+P Architecten, Amsterdam

ARCADIS, Hoofddorp

De Architectengroep, Amsterdam

AMVEST, Amsterdam

Architectuurcentrale Thijs Asselbergs, Haarlem

Atelier Zeinstra van der Pol, Amsterdam

Gerard W. Bakker Projektadviezen, Amsterdam

Koninklijke BAM NBM, Bunnik

Benthem Crouwel Architekten, Amsterdam

Eiso Bergsma Kunststof producten, Amsterdam

Blauwhoed Vastgoed, Rotterdam

Boer Hartog Hooft, Amsterdam

Bouwfonds Ontwikkeling, Hoevelaken

Claus en Kaan Architecten, Amsterdam

Woningbouwvereniging De Dageraad, Amsterdam

Duinker Van der Torre, samenwerkende architecten, Amsterdam

Dura Bouw Amsterdam, Amsterdam

ERA Bouw, Zoetermeer

HBG Bouw en Vastgoed, Amsterdam

Heijmans IBC Bouw/Vastgoed-ontwikkeling, Almere

Hillen en Roosen Planontwikkeling, Amsterdam

IBA, Amsterdam

ING Real Estate Development, Den Haag

Jones Lang LaSalle, Amsterdam

Woonstichting De Key/De Principaal, Amsterdam

Kondor Wessels, Amsterdam

Van der Leij Groep, Amsterdam

MAB Groep, Den Haag

Johan Matser Projectontwikkeling, Hilversum

Moes Bouwbedrijf, Zwolle

Het Oosten/Kristal, Amsterdam

Woningcorporatie Het Oosten, Amsterdam

Woningstichting Patrimonium, Amsterdam

Rijnja-Repro, Amsterdam

SFB Vastgoed, Amsterdam

Smit's Bouwbedrijf, Beverwijk

Soeters Van Eldonk Ponec Architecten, Amsterdam

Vesteda Management, Maastricht

Woningbedrijf Amsterdam, Amsterdam

Woningstichting Zomers Buiten, Amsterdam

Zwarts & Jansma Architecten, Amsterdam